INTELLIGENCE SHIFT

2030
인재의
대이동

2030 인재의 대이동

1판 1쇄 인쇄 2016. 11. 11.
1판 1쇄 발행 2016. 11. 18.

지은이 최현식

발행인 김강유
편집 고우리 | 디자인 이경희
발행처 김영사
등록 1979년 5월 17일 (제406-2003-036호)
주소 경기도 파주시 문발로 197(문발동) 우편번호 10881
전화 마케팅부 031)955-3100, 편집부 031)955-3250
팩스 031)955-3111

값은 뒤표지에 있습니다. ISBN 978-89-349-7633-2 13320

독자 의견 전화 031)955-3200
홈페이지 www.gimmyoung.com 카페 cafe.naver.com/gimmyoung
페이스북 facebook.com/gybooks 이메일 bestbook@gimmyoung.com

좋은 독자가 좋은 책을 만듭니다.
김영사는 독자 여러분의 의견에 항상 귀 기울이고 있습니다.

이 도서의 국립중앙도서관 출판시도서목록(CIP)은 서지정보유통지원시스템 홈페이지
(http://seoji.nl.go.kr)와 국가자료공동목록시스템(http://www.nl.go.kr/kolisnet)에서
이용하실 수 있습니다.(CIP제어번호 : CIP2016025703)

2030 인재의 대이동

최현식

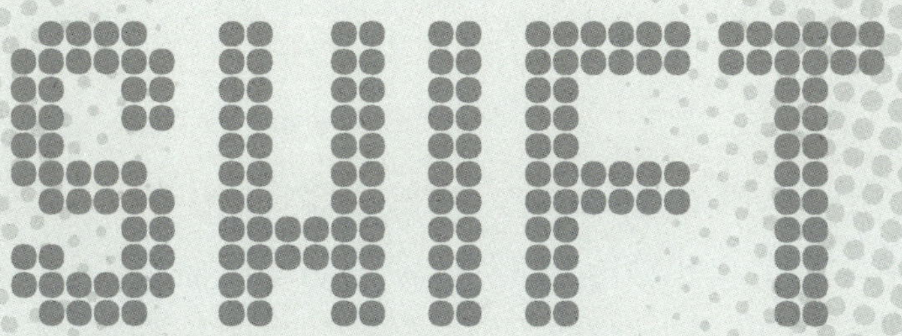

김영사

평균적 사고의 종말

우리는 성공스토리에서 자극받고 도전받는다. 위기를 기회로 삼을 수 있는 긍정적 가능성을 생각한다. 하지만 빌 게이츠Bill Gates, 스티브 잡스Steve Jobs, 워런 버핏Warren Buffett, 손정의의 이야기를 듣는다고 모든 사람이 그들처럼 되지 않는다. 보편적 적용이 불가능하다. 게다가 남들의 성공 공식을 성실하게 따르면 성과를 낼 수 있던 시대는 지나갔다. 꿈이 있고 목표가 있어도, 그것을 이룰 수 있는 환경이 급격하게 바뀌고 있다.

우리는 이전 세대의 성공 공식을 답습해서는 안 되는 시대를 살고 있다. 청년실업 사태를 보자. 20대가 취업하기 어려운 시대다. 학업이나 취업, 직업훈련 어느 것도 하지 않는 니트NEET(Not in Education Employment or Training)족이 17%라는 통계가 있다. 군 복무, 대학 졸업

유예, 대학원, 공무원시험 준비로 통계에서 제외된 청년들까지 합치면 실질적인 미취업자는 크게 늘어날 것이다. 그들이 취업을 하지 못하는 원인은 꿈이 없거나 노력을 하지 않아서도 아니고, 스펙이 모자라서도 아니다. 지금 20대들이 가진 스펙과 1980년대에 20대였던 이들이 가진 스펙을 비교해보라. 지금 20대들이 월등하다. 단지 사회경제구조가 변화하면서 취업경쟁이 심해진 것이다.

지난 50년은 지속적인 경제성장 덕분에 꿈을 실현하는 것이 어렵지 않았다. 일자리가 풍족했고, 높은 금리 덕분에 꾸준히 저축을 하면 내 집을 마련할 수 있었고, 집값은 쑥쑥 올랐다. 그런데 글로벌 경쟁이 시작되고 인터넷이 등장하면서 거대한 변화가 감지되기 시작했다. 이제는 21세기의 혁신적인 신기술이 산업과 경제, 우리의 삶까지 아우르는 새로운 혁명을 예고하고 있다.

꿈만 갖는다면 이 시기를 이겨낼 수 있다고 말하는 것은 어리석다. 지금은 전략과 전술 그리고 통찰을 가지고 시대를 분석해야 한다. 이런 분석을 바탕으로 시대 안에서 나는 어떤 자질이 있고, 어떤 꿈을 꾸어야 하는지, 내가 도전할 수 있는 영역과 개발 가능한 역량들에 투자와 노력을 집중할 필요가 있다. 그러면 어떤 타이밍에 진입하고 그 타이밍에 진입하기 위해 어떤 준비를 해야 할지 가늠할 수 있게 될 것이다.

몇 가지 큰 주제를 선정해 미래를 전망해보았다. 산업, 경제, 사회, 인간이다. 특히 미래의 산업, 경제, 사회에서 인간은 어떤 도전과 응전을 할지 관심을 집중해 미래인재로서 우리가 무엇을 준비하고 실행해야 할지 통찰을 얻으려 한다.

1부에서는 다가올 변화를 이해하려고 한다. 산업, 경제, 인간이 어떤 변화과정 중에 있는지 알아야 한다. 이 세 가지는 전체 변화를 이해하게 돕는 빅픽처이다. 원시농업혁명부터 1~4차 산업혁명까지 이어지는 통시적인 흐름 안에서 미래산업의 변화를 통찰할 수 있을 것이다.

2부에서는 인간에게 기회가 될 4차 산업 안에서의 기회를 살펴볼 것이다. 어떤 기술이 어디까지 발전했느냐 하는 관점보다 기술과 그 기술이 만들어낼 세상에 집중할 것이다. 기술은 제조업과 건설업 같은 판을 뒤흔들어 거대한 변화를 주도하기도 하고 미래자동차, 생각하는 기계 같은 혁신을 만들기도 한다. 그 사이에서 인간은 어떤 선택과 기회의 가능성이 있는지 따져봐야 한다.

3부는 인간과 기계의 연결이 주는 기회를 보려고 한다. 3차 산업에서 4차 산업으로 넘어가며 인간은 기계와 뗄 수 없는 관계에 직면할 것이다. 다양한 변수와 가능성을 보면서 인간과 기계가 상생할 수 있는 선택을 고민해보길 바란다.

마지막 4장은 미래인재가 고민해야 할 이슈들을 살펴볼 것이다. 첨단기술과 기계화로 인해 산업구조가 재편된 이후에도 인재로 살아남기 위한 전략과 직업 원칙을 탐색한다. 또한 21세기가 요구하는 인재의 조건을 살피고 지침을 제안한다.

우리가 사는 지금은 평균적 사고에서 벗어나야 생존이 가능하다.
어느 때보다 당신의 전략과 통찰이 빛나야 한다.
'미래가 당신의 것이 되게 선택하라.'

2016년 11월
아시아미래인재연구소에서
최현식

CONTENTS

PART 1

산업, 경제, 인재의
변화에 대비하라

▶1 시대의 변화를 읽어라

과거와 지금은 속도가 다르다. 시간과 공간이 압축된 어마어
마한 변화가 진행되고 있다. 지난 100년의 변화는 그 이전
5,000년의 변화만큼 빨랐다. 지난 20년의 변화는 이전 100년
의 변화만큼 속도감이 있었다. 미래 10년의 변화는 지난 20년
의 변화보다 빠르게 진행될 것이다.

변화를 읽는 세 가지 키워드
: 식량, 도시, 시간

'미래에는 어떤 사람이 필요한 사람인가?' 이 질문에 답하려면 미래에 어떤 변화가 일어나고 어떤 사회가 될지를 통찰해야 한다. 이를 위해서는 기술의 변화에 따른 세 가지 시대 구분에 주목해야 한다. 원시시대와 농경시대를 포괄하는 물체혁명의 시대, 산업사회로 진입한 물질혁명의 시대, 그리고 우리가 살아갈 미래사회를 의미하는 분자혁명의 시대다.

물체란 물질이 구체적 형태를 가진 상태를 말한다. 우리가 흔히 말하는 원시사회가 물체의 시대다. 물체혁명 시대에는 물체를 쪼개거나 붙여 활용했다. 물질혁명 시대에는 1, 2, 3차 산업혁명이 일어났다. 이 시대에는 기술혁신으로 물체를 나누고 붙이고 섞을 수 있게 되었다. 물질을 가공하고 혼합해 생존을 위한 목적으로 활용했다. 그에 비해 미래의 분자혁명은 단순히 물질을 가공, 혼합하는 수준을 넘어 분자 단위로 쪼개고 결합하는 기술혁신으로 완전히 새로운 형태의 구조를 만들어 재창조한다. 이런 흐름에 따라 과거로부터 현재까지 기술이 어떤 변화를 겪었는지 물체혁명 시대와 물질혁명 시대를 간략히 살펴보겠다. 분자혁명 시대에 대해서는 2부에서 자세히 다룰 것이다.

물체혁명 시대에는 도구사용 능력이 중요했다. 당시 인류는 막대기와 돌을 사용했다. 구하기도 쉽고 이동에도 용이했기 때문이다. 그들은 나뭇가지나 돌을 써서 열매를 따고 작은 동물을 사냥했다. 신석기 전까지는 자연 상태의 돌을 활용했다. 몽글몽글한 돌부터 깨져서 조각난 돌까지 다양한 돌덩이를 사용했다. 매서운 한파가 몰아칠 때는 추위를 피하기 위해 나무를 모아 은신처도 만들었을 것이다. 한계가 분명하지만 그래도 나무를 엮어 은신처를 만든다는 것은 뛰어난 전략이었다.

인간의 진보를 가능하게 한 혁신적 변화는 불의 발견 덕분이었다. 마른 나무를 비비거나 돌을 부딪쳐 마찰열을 이용해 불을 만들어낸 것이다. 불로 할 수 있는 일은 다양하다. 요리, 난방, 조명, 신호, 방어수단 등 다양한 용도로 활용이 가능하다. 불의 컨트롤은 모든 것을 뒤바꿔놓았다. 이전까지는 도구를 잘 활용하는 사람이 인재였다면, 이제는 불을 다룰 수 있는 사람이 인재가 된 것이다. 작은 체구의 아이도 불이 붙은 막대기를 집어 드는 순간 한계를 뛰어넘는 힘을 갖게 된다. 날것을 먹던 인류는 화식 조리법으로 다양한 음식을 먹게 된다. 밀, 수수, 조, 쌀에서부터 동물이 먹다 남은 썩은 고기까지 먹을 수 있게 됐다. 불은 식량의 범위를 넓혀주었다. 화식으로 신체적 변화가 진행되었다. 소화가 쉬워지고 창자가 짧아졌다. 무엇보다 식사 시간이 단축되었다. 식사 시간 단축에 따른 잉여 시간은 인간을 창작하게 했다. 그림을 그리게 하고, 생각을 하게 하고, 무엇인가 더 편하게 하는 방법을 찾게 도움을 주었다.

실제로 인간의 뇌도 달라지기 시작했다. 인간의 뇌는 점점 커졌다. 그러자 언어가 발달하고, 손과 팔을 사용하는 능력이 향상되었다. 이런 혜택으로 인간은 더 풍성한 먹을거리를 더 쉽게 확보할 수 있는 강력한 도구를 발명했다. 두뇌와 신체의 능력이 향상될수록 더 좋은 도구를 발명하게 되었다. 도구가 강력해지자 맹수를 바라보는 시각도 달라졌다. 천적이 식량이 되었다. 패러다임이 완전히 전환된 것이다.

그러나 본질적 고민이 남아 있었다. 원할 때 언제든 먹을 수 있는 식량자원 획득. 이 문제가 해결되지 않으면 평생 돌아다녀야 한다. 당시 인류는 이동했다. 미지의 세계에서 새로운 것을 발견하려는 탐험이 아니라, 생존을 위한 유랑이었다. 사람들은 이집트, 인도, 메소포타미아, 중국 등지로 퍼져나갔다. 그러던 어느 날 신기한 일을 경험하게 된다. 오래전에 먹고 버린 쓰레기더미에서 내가 좋아하는 식물이 자라난 것이다. 이것은 혁명의 신호탄이었다. 바로 농업혁명이다.

혁명은 그렇게 시작되었다. 1900년 이전까지 미국 인구의 절반이 농업에 종사했을 정도로 그 권력은 막강했다. 농업혁명은 수천 년 동안 생활방식, 놀이방식, 사고방식 등을 지배했다. 물론 지금은 인류의 단 3%만 농업에 종사하지만 지난 수천 년의 영향력이 아직도 우리 사회와 생활 전반에 걸쳐 흐르고 있다.

농업은 이전에 없었던 세 가지 새로운 변화를 만들어냈다. 식량의 변화, 도시의 변화, 시간의 변화다. 지금도 이 거대한 틀은 바뀌지 않았다. 다만 끝없는 개선이 이루어질 뿐이다. 수천 년간 몇 번의 혁명은 식량, 도시, 시간을 변화시켰고, 이는 미래에도 계속될 것이다. 식량, 도시, 시간은 현재뿐 아니라 미래의 근간이기도 하다. 그 토대 위에서 기술, 사회, 문화, 소비, 창조, 트렌드, 혁신, 정치, 관계에 변화가 일어날 것이다. 미래의 기술과 직업, 인재가 변화될 것이다. 기업은 이 세 가지 전제 안에서 역동적으로 새롭게 할 기술과 이 기술을 선도할 사람을 수소문할 것이다. 세상은 이 세 가지 변화를 이끌 사람을 찾고 있다.

이런 측면에서 식량, 도시, 시간은 미래의 새로운 혁명과 혁신의 밑그림이다. 인공지능, 드론, 3D프린터, 로봇, 나노, 바이오, 우주항공, 통신 등 새로운 생산수단도 식량, 도시, 시간 안에서 서로 영향을 받으면서 혁명적이고 혁신적인 변화를 만들 것이다. 그래서 우리는 과거로부터 미래까지 식량, 도시, 시간이 어떤 변화를 겪어왔고, 어떤 변화를 겪게 될지 생각할 필요가 있다.

인류는 빙하기 이후 따뜻해진 새로운 기후를 얻게 되었다. 기온 상승은 다양한 변화를 불러왔다. 우선 눈에 띄는 점이 강수량의 증가다. 풍부한 물 자원은 곡물이 자랄 수 있는 최적의 조건이 된다. 인류가 농사를 짓기 시작한 시기를 정확히 추정하는 것은 불가능하지만, 대체로 터키 남동부, 서부 이란, 에게 해 동부 지역에서 농사가 이루어졌을 것으로 추정한다. 고고학자들의 연구에 따르면, 인류는 다양한 지역에서 각양각색의 동물을 길들였다. 예를 들면 양은 터키와 이라크 지역, 염소는 이란, 소는 아나톨리아에서 길러졌다. 굳이 양, 염소, 소인 이유는 다른 동물에 비해 온순하고, 무리지어 다니는 특징 때문이었다.

이에 따라 거대 동물을 사냥하던 시대에 종말이 찾아왔다. 이것은 수렵을 위한 뛰어난 신체조건을 인재의 가장 중요한 요건으로 생각했던 패러다임의 전환을 의미한다. 물론 농업도 수렵이나 채집 못지않게 막대한 노동력을 필요로 한다. 하지만 과거에는 사냥을 위해 달리고 던지고 싸우는 신체적 능력이 중요했던 데 반해, 농업혁명 이후에는 농작물을 심고 가꾸고 나르는 능력이 더 필요해졌다.

정리해보자. 농업혁명으로 식량과 생산활동에 혁명이 시작되었다. 인류에게 식량 공급 다변화의 길이 열리게 된 것이다. 채집에서 파종으로, 거대 동물의 수렵에서 다양한 개체의 사육으로 전환됐다.

이런 변화의 핵심은 두 가지로 요약된다. 첫째, 식량에 따라 환경을 선택해야 하는 불확실성의 변수가 제거되었다. 여전히 기후변화와 환경의 변화가 중요한 변수이기는 하지만, 농업혁명은 이동문화에서 정착문화로의 전환을 촉발한 계기가 되었다. 두 번째, 능력을 대하는 관점도 바뀌게 되었다. 잘 뛰고 던지고 싸우는 능력뿐 아니라 땅을 파서 작물을 재배하고 수확해 나르는 능력이 추가적으로 중요해졌다. 이런 혁명적 변화는 농업과 산업혁명을 거쳐 현대에 이르기까지 계속 영향력을 미치고 있다.

미래사회에도 식량의 변화는 계속 진행될 것이다. 인류는 계속해서 혁명적 방식으로 식량 다변화와 풍요를 위한 새로운 길을 개척해 갈 것이 분명하다. 미래에도 농업혁명 때처럼 식량 확보를 위해 도전할 것이며, 이런 가능성을 여는 사람을 인재로 여길 것이다. 식량의 새로운 가능성이 열린다면 또 한 번의 혁명이 일어날 수도 있다. 인류가 존재하는 한 식량의 혁신을 위해 지혜를 모아갈 것이라는 사실을 잊지 마라. 식량은 생존의 핵심이다.

도시 City

물체혁명기의 사람들은 숲을 개간할 도구를 제작하고, 비옥한 땅을 찾아 나섰다. 나일 강 어디쯤이었다. 기후, 물, 땅이 좋은 곳에서 경작을 시작한 사람들은 많은 수확물을 거둘 수 있었다. 도시화가 진행되었다. 곳곳에 도시가 생기고, 경쟁이 시작되었다. 도시와 도시 사이에서 약탈을 일삼는 자들도 나타났다. 초기 농업시대는 수렵과 공존했다. 하지만 수렵이 예전만 못해지자, 탁월한 사냥꾼들은 농업을 생업으로 하는 인근 마을을 약탈했다. 그들은 풍년과 흉년을 가리지 않았다.

도시라는 거대 집단이 생겨나면서 모든 것이 달라져야 했다. 이전과 완전히 다른 새로운 질서와 새로운 방식이 필요했다. 생활방식부터 생각의 방식까지 변해야 했다. 식물이 인간을 먹이고, 다시 인간이 식물을 길렀다. 사람들은 식물을 위해 땅을 파고 돌을 골랐다. 식물을 보호하기 위해 풀을 뽑고 메뚜기 같은 천적을 해치웠다. 식물을 먹이기 위해 물을 대고 영양분을 공급했다. 한눈을 팔면 식물들은 시들거나 말라가고 병들어 죽게 된다. 게다가 강력한 라이벌이 언제나 호시탐탐 경작지를 노리고 있다. 인간은 약탈자들로부터 식물을 보호하기 위해 식물 곁을 지킬 수 있는 거리에 정착해 모여 살게 됐다.

전쟁은 곳곳에서 일어났다. 인간의 폭력은 여기에서 더 강렬하게 타올랐을지 모른다. 고고학자들의 견해로는 정치적 틀이 없는 단순 농경사회에서 인간 사망의 15%가 폭력 때문이라고 한다.[1] 도시는

---

1 유발 하라리, 《사피엔스》, 조현욱 옮김(김영사, 2015), 127쪽.

생산의 기지, 보호의 요새였다. 도시는 인격, 도덕, 감성보다 강력한 힘을 가진 사람이 필요했다. 강력한 힘으로 폭력에 맞서 생존을 지켜내는 사람이 곧 인재였던 것이다.

도시의 시대가 열렸다. 초기 농업이 정착되고 식량 공급의 혜택을 누리면서 세계 인구는 기원전 2000년경 9,000만 명을 넘게 된다. 그 뒤 2000년이 더 지나자 세계 인구는 3억 명을 넘었다. 다시 말해 식량의 증가와 함께 정착시대를 넘어선 초기 도시국가가 생성된 것이다.

초기 도시국가에서는 주도권과 서열 경쟁이 치열했다. 주도권 경쟁에서 살아남은 소수 엘리트는 권력을 독점했다. 그들은 도시를 지키고 도시를 확장했다. 도시 안에 거주하는 사람들에게는 보호 대가로 세금을 걷었고, 다른 지역을 정복해 땅을 차지하고 원주민을 노예로 삼았다.[2]

한편 도시에는 바이러스의 위험이 있었다. 사람이 모이고 가축을 키우게 되면서 바이러스에 노출되었다. 결핵은 소와 염소 젖에서 유래되었다. 홍역과 천연두는 소와 접촉하고 소고기를 먹으면서 시작되었고, 말라리아는 새에게서 전염되었다. 인플루엔자는 돼지와 오리에게서 나왔다.[3] 백신이 없던 당시에 인간은 이런 질병에 속수무책이었다.

---

2   톰 스탠디지, 《식량의 세계사》, 박중서 옮김(웅진지식하우스, 2012), 55~56쪽.
3   제프리 블레이니, 《아주 짧은 세계사》, 박중서 옮김(휴머니스트, 2012), 53쪽.

사람이 도시에 모여든다는 것은 새로운 시대에 접어들었음을 의미했다. 우선 정보량이 폭발한다. 100명이 생성하는 정보와 100만 명이 생산하는 정보의 양은 엄청난 차이가 있다. 사람들이 많아지면 데이터양은 폭발한다. 사유재산, 공공재산, 도시 운영기금, 통치자금, 사회간접시설을 확충하는 자금과 공사장 인부의 수, 사후 세계에 대한 성찰과 질문…… 인간의 두뇌에 입력할 수 있는 데이터양을 초과한다. 그래서 기록이 필요해졌다.

기록은 이전과 완전히 다른 새로운 방식이다. 가장 필요한 기록은 숫자였다. 농부들과 노동자들은 일당을 어떻게 나눌지, 얼마가 들어오고 얼마가 나가는지 숫자로 계산하고 기록해야 할 필요가 생겼다. 이것은 새로운 질서의 세계다.

그럼 미래에는 어떨까? 도시는 어떻게 변하고, 새로운 도시에서는 어떤 사람을 필요로 할까? 단순히 어떤 직업을 네이밍naming하는 것은 의미가 없다. 사라질 직업, 새로운 직업을 규정하고 그 규정에 따라 살아가는 것은 의미가 없다. 도시의 전환에 따라 직업의 규정은 계속 달라질 것이고, 도시의 재탄생에 따라 새로운 직업이 끊임없이 생겨날 것이다. 그래서 우리는 도시를 관찰해야 한다. 미래도시가 어떻게 펼쳐질지, 기술과 어떻게 조합될지, 어떤 모습으로 재편되고, 그 안에서 어떤 새로운 질서가 탄생될지 지켜봐야 한다. 그래야 생존할 수 있다.

　농사와 목축의 결합은 환상적인 일이었다. 사람들이 모여 공동체가 만들어졌다. 서로 경쟁하며 도시가 발전했다. 반면 인체는 바이러스에 노출되고, 경쟁은 더 치열해진다는 약점도 나타났다. 정보가 폭발하며 복잡도가 이전보다 훨씬 증가했다. 그러나 도시는 계속 성장했다. 역기능이 있음에도 도시가 폭발적 성장을 한 이유는 무엇일까? 역기능을 능가하는 혜택이 주어졌기 때문이다. 시간이다. 우리는 시간에 주목해야 한다. 미래에 가장 큰 핵심 변수가 시간이다. 시간 활용능력에 따라 인간의 가치 산정이 달라질 수 있다.

　식량과 도시의 발전으로 인간은 '나의 시간'을 갖게 되었다. 24시간을 노동의 시간과 행복의 시간으로 분배할 수 있게 되었다. 드디어 인간이 시간의 주체가 된 것이다. 임계치를 통과하자 도시는 풍부한 식량자원을 확보해 더 많은 노동력이 필요하지 않게 되었다. 더불어 노동 시간도 단축되었다.

　인간은 남는 시간으로 여러 가지 활동을 하기 시작했다. 일단 여가를 즐겼다. 메소포타미아 지역에서는 맥주를 만들어 마셨다. 로마에서는 검술 경기가 유행하고 검투사들이 등장했다. 지금으로 말하면 엔터테인먼트 산업이 시작된 것이다. 사람들은 UFC처럼 검술 경기를 즐기며 이야기를 나누었다. 누군가는 경기 결과를 놓고 베팅을 했다. 일부는 예술적 활동을 했다. 죽음 이후를 생각하고 자신을 성찰하는 철학적 사유도 등장했다. 힘 있고 돈 있는 사람들은 남는 노동력을 데려다가 자신을 위한 조형물을 세웠고 권력을 상징하는 건축물도 지었다.

오래 사는 것에 대한 관심도 뜨거웠다. 노동을 위한 신체적 조건은 뒤처지지만 다른 재주를 가진 사람들이 있었다. 그들은 권력층의 욕구를 정확히 간파했다. 그들은 권력자들이 좀 더 건강하고 오래 살 수 있도록 연구했다. 오래 살기 위해 몸에 좋은 음식을 추천하고 처방하며 치료했을 것이다.

새로운 시간 안에서 고대인들은 일식, 월식, 별자리, 별똥별 같은 천문에 관심을 가졌다. 고대인들은 천문 현상을 신의 메시지로 여겼다. 해를 왕과 연관시켰고, 일식과 월식은 신의 의사표시로 여겼다. 이런 노력으로 생각지 못한 수확도 얻었다.

인간은 하늘과 땅의 연관성을 찾기 시작했다. 그에 따라 별자리, 해와 달, 별을 보고 시간을 알고 기후를 예측하게 되는 성과를 얻었다. 천문학으로 기후변화와 자연현상을 대략적으로 예측하면서 자연스럽게 과학도 발전하게 되었다. 이런 현상은 종교적으로도 확장되었다. 종교란 단순히 무엇을 믿고 의지한다는 차원을 넘어선다. 종교라는 매개를 통해 수천, 수만의 사람들을 하나로 묶어내어 협력하게 하는 가능성이 시작된 것이다. 종교가 중요한 이유는 여러 가지겠지만 가장 큰 수혜는 통치기반의 안정과 노동력 확보였다. 지배자들은 수많은 사람들의 노동력을 제공받아 거대한 구조물을 세울 수 있었다. 우리가 잘 아는 스핑크스, 피라미드, 스톤헨지, 괴베클리 테페까지. 또한 이 무렵 인간사에 대한 도전도 시작되었다. 고대인들은 우주의 운동방식이 인간의 삶에 영향을 끼친다고 생각했다. 시간의 최종 혜택이 이 지점이다. 이 지점에서 시간 개념에 혁명이 일어났다.

채집하고 사냥하던 시대에는 '오늘'이 가장 중요했다. '오늘 무엇을 먹고, 오늘 어디서 잘 것인가. 오늘 나 자신을 어떻게 지킬 것인가'가 중요했다. 그러나 시간을 얻게 된 인간은 내일에 대해 생각하기 시작했다. 올해 농사를 지으며 내년에는 더 많은 수확을 얻기 위해 무엇을 해야 할지 생각하기 시작했다. 이를테면 '올해 흉년이었는데, 내년에 또 흉년이면 어쩌나?'라는 걱정도 하게 되었다. 이 고비를 넘기기 위해 닥쳐올 위기와 미래의 기회에 대한 전략도 생각하게 되었다. 위기와 기회 사이에서 새로운 도전이 시작되었다는 사실은 무엇보다 중요하다. 사람들은 보다 나은 미래를 위해 새로운 방식으로 생각하고, 새로운 방식에 맞는 도구를 만들었다.

도구적 인간은 물체혁명으로 새로운 물질을 나누고 붙이고 섞어가며 개선에 개선을 거듭해갔다. 금속을 제련하는 기술이 발달했다. 보다 강력한 것, 보다 개선된 것, 보다 새로운 것을 찾아가는 과정에서 철광석에서 철을 뽑아내는 제철이 가능해졌다. 철의 시대가 온 것이다. 철은 생산수단을 변화시킴으로써 혁명을 불러왔다. 제조방식, 생산방식, 소비방식이 획기적으로 바뀌었다. 생산수단의 변화는 지금도 계속되고 있다. 풍부해진 시간 안에서 인간은 생산수단을 더 폭발적으로 변화시켜갈 것이다.

우리가 미래를 두려워하는 이유가 여기 있다. 생산수단이 과거와 다른 방식으로 다가오고 있기 때문이다. 게다가 시간과 공간이 압축되면서 모든 것이 더 속도감 있게 변화하고 있다. 생산수단이 바뀌는 순간 식량과 도시의 방식도 바뀔 것이다. 식량과 도시가 바뀌면 바뀐 패러다임에 맞게 시간 안에서 새로운 생산수단의 발전을 보게 될 것이다.

산업혁명을 생각해보라. 산업혁명이 시작되면서는 전혀 예측할 수 없는 상황이 발생했다. 1705년 토머스 뉴커먼Thomas Newcomen은 16세기부터 연구된 증기기관을 개량해 상업용 증기기관을 발명했다. 뉴커먼이 발명한 초기 증기기관은 기존에 사용하던 동물의 힘에 비해 그리 매력적이지 않았다. 그러나 1769년 새로운 변화가 시작되었다. 제임스 와트James Watt가 증기기관을 개량하는 데 성공했다. 1801년에는 영국 웨일스에서 리처드 트레비식Richard Trevithick이 와트의 증기기관을 이용해 최초의 기관차를 선보였다. 1804년 트레비식은 화물칸에 철을 싣고 시운전을 했다. 5톤에 달하는 기관차에 5량의 차량을 연결해 9킬로미터를 주파했는데, 한 시간이 넘게 걸린 탓에 상업화까지는 해내지 못했다. 여전히 말로 화물을 운송하는 편이 빠르고 안전하고 경제적이었던 셈이다.

10년이 흐른 뒤, 1814년 조지 스티븐슨George Stephenson이 증기기관차의 혁신을 이루어낸다. 그는 마차용 선로 위에 8량의 화차를 연결해 30톤 화물을 실었다. 그리고 시속 6.5킬로미터로 오르막길을 오르는 실험에 성공하게 된다. 시운전 결과 조지 스티븐슨의 증기기관이 말보다 빨랐다. 세상이 바뀌는 순간이었다. 1825년 9월 27일, 조지 스티븐슨의 로코모션 1호가 26량의 객차에 승객 450명, 6량의 화물차, 6량의 석탄을 끌고 4만 명이 넘는 사람들 앞에서 영국 스톡턴과 달링턴 구간 14킬로미터를 65분 만에 달렸다.[4] 새로운 시대가 개막된 것이다. 운송수단의 혁명적 진보가 열렸고, 생산방식의 획기적 변화가 시작됐다.

다양한 변화가 진행되었다. 우선 새로운 기술자가 필요했다. 기계를 정비하고 개선할 인력이 있어야 했다. 말을 몰아 화물이나 사람을 운송하던 노동력을 줄이는 대신, 기계와 관련된 일을 할 수 있는 사람을 채용해야 했다.

에너지 공급에 대한 생각도 중요했다. 과거에는 말 자체가 에너지였고 수단이었다면 산업화 이후에는 수단과 에너지가 분리된다. 1차적으로는 생산수단에 석탄을 이용했으나, 2차적으로 원유로 에너지원이 이동하게 된다. 초기 석유는 쓸모없는 물질이었다. 사용처를 발견하지 못했기 때문이다. 19세기까지 석유는 램프의 원료로 사용되었을 뿐이다. 기술이 발전하면서 석유는 난방용으로 자리 잡게 된

---

4 최윤식, 《2030 대담한 도전》(지식노마드, 2016), 334~336쪽.

다. 석유가 에너지원으로 혁신적 발전을 이룬 것은 그다음 일이다.

1882년 토머스 에디슨Thomas Edison이 화력발전소를 시작하면서 석유를 원료로 전기가 생산됐다. 1886년 카를 벤츠Karl Benz는 자동차를 보급하고 원료로 휘발유를 사용했다. 에너지혁명이 촉발되었다. 1892년 루돌프 디젤Rudolf Diesel은 디젤엔진을 발명한다. 원유를 송두리째 사용할 수 있게 된 것이다. 디젤은 우수한 성능과 가격경쟁력 덕분에 자동차, 항공, 선박 등 거대 산업에서도 쓰이게 되었다. 에너지는 생산수단의 변화와 함께 세상을 변화시켰다.[5] 이 외에도 수많은 것들이 사라지고 생겨나는 반복이 진행되었다.

미래라고 다르겠는가? 미래에 나타날 다양한 가능성도 별반 다르지 않을 것이다. 생산수단을 어떻게 선택할지가 중요할 것이며, 생산수단과 함께 나타날 에너지혁명에 따라 새로운 직업군과 산업이 등장하게 될 것이다.

그런데 산업화가 진행되었다고 농업에 관련된 일이나 영향력이 완전히 사라졌다고 생각한다면 오산이다. 산업혁명이 일어나도 인간은 여전히 소를 잡아먹고 돼지를 키운다. 옥수수와 밀, 감자는 영양분의 보고로 남아 있다. 다만 방식이 변화되었다. 앞으로 농업은 단순한 노동자가 아닌 장인을 필요로 할 것이며, 그 가치는 충분히 공감대를 형성할 것이다. 미래에 농업 장인에 대한 기대치는 지금보

---

5   홍익희, 《세상을 바꾼 다섯 가지 상품 이야기》(행성B잎새, 2015), 280~294쪽.

다 더 커질 것이고, 농장의 운영방식은 지금과 완전히 달라질 것이다. 새로운 에너지원도 등장할 것이다. 기존의 모든 것이 느슨해질 가능성은 제로에 가깝다.

다가오는 미래의 승리는 식량, 도시, 시간 안에서 재편되고 변화하고 새롭게 자리 잡아가는 방식과 방향을 정확히 이해할 수 있는 자가 거머쥘 것이다. 새로운 재편을 해석하며 그에 적응하는 자만이 고지를 점령하게 될 것이다. 시간의 흐름 안에서 어떤 생산수단의 개선이 이루어지는지 면밀하고 철저하게 봐야 한다. 준비되었는가? 변화에 민감하게 반응하며 도전을 할 만전의 준비를 한다면 당신도 새로운 시대를 여는 주인공이 될 것이다. 느슨하게 대응하지 말고, 새로운 시대의 변화를 무시하지 말고, 물러서지 마라. 미래는 당신에게 역전의 기회가 될 것이다.

4차 산업혁명

: '이미' 그러나 '아직' 사이에서의 기회

지금 우리 모두는 엄청난 혼돈을 겪고 있다. 역사 이래 한 번도 경험해보지 못한 혁명적 전환기에 있다. 어느 순간 4차 산업혁명이 시작되었다고 한다. 앞서 언급했던 것처럼 혁명이란 모든 것을 재편한다. 노는 방식, 일하는 방식, 생각하는 방식, 선택하는 방식, 기업을 운영하는 방식, 의사결정 방식까지 모든 방식이 바뀐다. 4차 산업혁명은 모든 방식을 바꿔놓을 것이다. 4차 산업혁명을 이해하기 위해 먼저 1, 2, 3차 산업혁명을 이해할 필요가 있다.

18세기 중반부터 19세기 말, 제임스 와트, 리처드 트레비식, 그리고 토머스 에디슨이 발명한 기계의 등장은 1차 산업혁명의 기폭제가 되었다. 1차 산업혁명으로 기계 생산이 가능해졌고, 이에 따라 경제구조가 바뀌기 시작했다. 노동자들은 지주의 통제를 벗어나 개인의 경제적 미래를 설계하고 통제할 수 있게 되었다. 노동자들은 미약한 계층이동의 시대를 맞이한다. 1차 산업혁명이 시작되고 150~200년이 지났을 때 영국의 인구는 3배 증가했고, 1인당 실질 평균소득은 인플레이션을 감안할 경우 10배 이상 증가했다.

19세기 말에서 20세기 초까지 2차 산업혁명이 진행된다. 2차 산업혁명의 기폭제는 에너지였다. 석유와 천연가스가 내연기관, 전기장치와 결합되고 화학 산업과 연결되면서 새로운 시대가 탄생한 것이다. 헨리 포드Henry Ford는 컨베이어벨트를 발명했다. 석탄에서 석유로 에너지가 전환되면서 전 세계 부의 혁신이 시작됐다. 1차 산업혁명이 계층이동을 야기했다면 2차 산업혁명은 문명을 이동시켰다. 대량생산으로 사회 전반의 변화가 동시다발적으로 진행되었다.

1960년대부터는 3차 산업혁명이 진행되었다. 3차 산업혁명을 이끈 것은 20세기 중반에 발명된 인터넷과 컴퓨터였다. 1960년 반도체와 메인프레임 컴퓨팅mainframe computing을 시작으로 1970~1980년대는 퍼스널 컴퓨팅personal computing, 1990년대 인터넷이 3차 산업혁명을 주도했다.[6]

이제는 4차 산업혁명이다. 산업혁명을 정의하는 매체들과 학자들의 학문적 견해에 따르면 우리는 3차 산업혁명의 끝과 4차 산업혁명

---

[6] 클라우스 슈밥, 《클라우스 슈밥의 제4차 산업혁명》, 송경진 옮김(새로운현재, 2016), 25쪽.

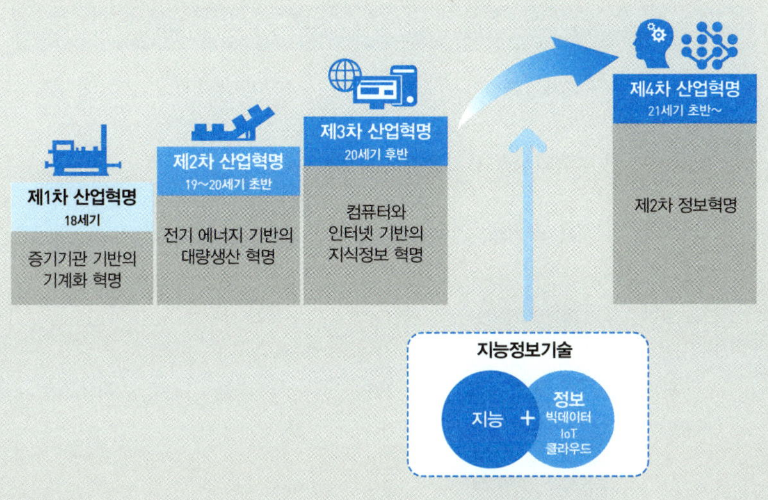

---

7 "4차 산업혁명 ①: 왜 'C-뉴딜'이어야 하나", 〈ZD넷 코리아〉, 2016년 7월 13일자.

그림 1-2 1~4차 산업혁명 과정 비교[8]

구분	1차 산업혁명	2차 산업혁명	3차 산업혁명	4차 산업혁명
시기	18세기 후반	20세기 초반	1970년대 이후	2020년 이후
혁신부문	증기의 동력화	전력, 노동 분업	전자기기, ICT 혁명	ICT와 제조업 융합
커뮤니케이션 방식	책, 신문 등	전화기, TV 등	인터넷, SNS 등	IoT, IoS
생산 방식	생산 기계화	대량생산	부분 자동화	시뮬레이션을 통한 자동생산
생산 통제	사람	사람	사람	기계 스스로

자료 현대경제연구원

8 "제4차 산업혁명이 온다 '이전의 산업은 모두 잊어라'", 〈이코노믹리뷰〉, 2016년 1월 19일자.

의 시작 사이에 있다. 21세기에 진입한 새로운 차원의 4차 산업혁명은 아이디어, 가상공장cyber factory, 비트의 대량생산, 인공지능, 빅데이터를 축으로 1, 2, 3차 산업과는 차원이 다른 놀라움과 혁신을 만들며 세상과 사회 및 경제 구조를 바꾸는 혁명을 이끌 것이다.

4차 산업으로 개인과 사회 그리고 유무형의 모든 것이 새로운 경험과 마주하게 될 것이며, 경이로움을 체험하게 될 것이다. 지금 우리가 이런 세상을 산업혁명의 연장선에서 4차라는 단계로 해석해 '제4차 산업혁명'이라고 명명하지만, 워낙 새롭게 마주하는 세상이기 때문에 후대에는 새로운 이름으로 부를지 모를 일이다.

이런 경이로움에 인류는 이미 비자발적으로 초대되었다. 새로움의 경계란 어떤 사람에게는 위기로 작동하고 어떤 사람에게는 기회로 작동한다. 1998년 IMF 금융위기를 기억해보라. 30대 기업 중 17개 기업이 공중분해되어 사라졌다. 이들에게는 엄청난 위기였다. 하지만 20년이 지난 지금 새로운 17개 기업이 30대 기업에 올라왔다. 오늘 그들이 20년 전을 되돌아본다면 분명 일생일대의 기회였다고 회상할 것이다.

제4차 산업혁명이라고 명명된 현재의 새로움의 경계에서 당신에게 주어진 시간이 위기인지 기회인지 알 수 없지만, 어쨌든 당신은 네 번째 변화라고 말하는 이 지점에서 살아남아야 한다. 우리가 사는 지금의 시점은 '이미'와 '아직' 사이의 긴장상태다. 이미 혁명이 시작되었을 뿐 아직 아무것도 고착되지 않았다는 점이 중요하다. 이론과 실제가 다르고, 텍스트와 현장도 다르다. 갈팡질팡하는 것은 어찌 보면 당연한 일이다. 그래서 기회 요소를 적절히 사용할 줄 아는 지혜가 필요하다.

대이동의 속도를 체감하라

대한민국이 위험하다. 대한민국 사람도 위험하다. 전쟁의 위기는 여러 번 있었지만, 총칼 없는 위기는 건국 이래 처음이다. 위기의 실체는 무엇일까? 하나는 불확실성이고, 다른 하나는 무감각이다. 미래가 불확실해졌다. 한 치 앞의 예측이 불가능하다. 좋은 대학에 들어가고 취업하면 잘살 줄 알았다. 그런데 망상이었다. 은퇴하면 편하게 살 줄 알았다. 그런데 예상은 완전히 빗나갔다. 생각지 못했던 미래가 내 앞에 현실이 되고 있다.

삼성은 2015년 한 해 동안 1만 명 넘는 직원을 줄였다. 물론 계열사 빅딜의 영향이 있었지만, 고용승계된 직원 5,088명과는 격차가 있다.[9] 1만 명에서 5,088명을 빼고도 상당수 조정은 이루어진 셈이다. 그러나 아직 본격적인 조정은 시작도 하지 않았다. 미래는 더 암울하다.

과거에 비해 공식적인 은퇴의 시기는 연장되었으나, 비자발적 퇴직은 비주기적으로 아주 빈번하게 진행되고 있다. 대부분의 사람들에게 은퇴 후 대책이라고 해봐야 달랑 집 한 채인 경우가 대부분이다. 대한민국은 자산의 80%가 부동산이다. 그런데 집값은 오를까?

현금 흐름이 좋지 않은 개인은 퇴사 후 퇴직금으로 자영업에 뛰어들지만 이것도 쉽지 않다. 3~5년 안에 폐업하는 경우가 80%가 넘는다. 자영업에도 희망은 없다.

고용시장은 냉각기다. 은퇴 후 새로운 지식이 있어야 새로운 직업을 구할 수 있다. 하지만 준비할 틈도 없다. 결국 몸으로 할 수 있는 일을 찾지만 대부분 같은 처지이니 경쟁률이 높을 수밖에 없다.

청년들이 자발적으로 퇴직을 선택하기도 한다. 신입사원 10명 중 3명이 1년 안에 조기 퇴사한다. 입사 후 1개월 이상~3개월 미만 근무 후 퇴사 비율은 39.6%, 3개월 이상~6개월 미만 근무 후 퇴사는 27.5%, 1개월 미만 근무 후 퇴사는 14.6%, 9개월 이상~1년 미만 근무 후 퇴사는 10.6%에 이른다.[10] 퇴사하는 이유는 다양하다. 적성에 맞지 않아서, 조직에 적응하지 못해서, 연봉이 낮아서, 근무환경이 열악해서, 업무 강도가 높아서…… 대한민국 직장인들은 말한

---

9 "삼성, 1년 새 직원 1만 명 줄여… 30대 그룹 중 감소폭 최대", 〈연합뉴스〉, 2016년 4월 10일자.

10 "신입사원 10명 중 3명 '1년 안에 퇴사'", 〈머니투데이〉, 2016년 1월 21일자.

다. "나도 인간답게 살고 싶다. 저녁이 있는 삶을 원한다. 가치 있고 의미 있는 일을 하고 싶다." 힘겹게 취업 관문을 통과한 청년들이 살기 위해 퇴사를 선택하는 상황이다.[11] 과거에 비해 이래저래 버티기 쉽지 않은 현실이다. 그럼 퇴사하면 모든 문제가 해결될까?

분명 지금 시대는 위기다. 그런데 위기는 단순히 생활을 어렵게 만드는 것으로 끝나지 않는다. 위기는 새로운 변화를 만들어낸다. 그 변화가 긍정적이든 부정적이든 위기는 시대를 변화시키고, 세상은 새로운 변화에 맞는 환경으로 바뀌어간다. 그러한 변화는 당연히 인재상도 바꿔놓는다. 기억해야 할 것은 시대는 언제나 시대에 맞는 사람을 필요로 한다는 점이다. 그래서 위기를 주목해야 한다.

위기상황과 더불어 눈여겨보아야 할 점이 하나 더 있다. 지식의 변화다. 우리가 사는 시대는 지식빅뱅 시대다. 15분마다 245TB 정도의 어마어마한 정보가 쏟아져 나온다. 2009년에 비하면 이미 5배를 뛰어넘는 양이다. 지식의 양, 정보의 양만 증가한 것이 아니다. 우리가 사용할 수 있는 지식의 수명도 짧아졌다. 정보통신기술(IT), 바이오기술(BT), 의료, 법 할 것 없이 모두 해당된다. 넘쳐나는 지식의 양과 짧아진 지식의 활용성은 더 많은 학습과 지식의 확장을 우리에게 요구하고 있다. 지식의 확장속도만큼 빠르게 새로운 지식을 습득하는 인재를 원한다.

---

11 "살고 싶어서 퇴사합니다", 〈시사in〉, 2016년 3월 2일자.

과거에는 어떠했을까? 지식의 양도, 새로운 지식을 습득하는 속도도 지금만큼 빠르지 않았다. 지식의 수명이 길었기 때문에 당연히 인재상도 빠르게 변할 필요가 없었다. 10대, 20대 혹은 30대까지 터득한 지식으로 평생 지위를 유지하며 살 수 있었다. 그러나 지금은 빨라진 지식의 유통속도만큼 지식을 좀 더 빠르게 습득하지 않으면 쉽게 도태될 수밖에 없다.

앞으로 몇 년 안에 우리가 가진 대부분의 지식 영역은 인공지능으로 대체될 가능성이 있다. IBM을 비롯한 대부분의 글로벌 기업들은 인공지능에 상당한 자본을 투자하고 있고 놀라운 성과를 만들어내고 있다. 과거와 지금 인공지능의 변화에 있어 주목할 점은 기계가 스스로 학습하는 단계에 이르렀다는 점이다. 최초 인공지능의 콘셉트가 인간이 프로그래밍하는 정도에 머물렀다면, 현재 인공지능은 스스로 학습하는 수준까지 이르렀다.

2015년작 영화 〈채피Chappie〉를 본 적이 있다면 쉽게 이해할 것이다. 로봇 개발자인 디온이 폐기 처리될 경찰로봇 22호 스카우트에 자기가 개발한 인공지능을 탑재한다. 22호는 그때부터 아이가 하나씩 깨우치듯 스스로 생각하고 느끼며 학습한다. 결국 22호 로봇은 인간을 뛰어넘는 놀라운 속도로 지식을 습득해 성장하게 된다. 이런 시대가 올 수 있을지, 온다면 언제 올지는 불확실하지만 앞으로 인공지능은 우리 삶에 밀접하게 다가올 것이다. 지금도 많은 연구를 통해 인공지능의 역할은 늘어가고 있다.

미국의 로봇 '워드스미스'는 한 해 1억 건의 기사를 스스로 작성하고 있고, 세계 투자시장의 40% 이상을 인공지능이 관리하고 있다. 스스로 그림을 그리는 인공지능이 있는가 하면 소설을 창작하는 인공지능도 있다. IBM의 슈퍼컴퓨터 '왓슨'이 퀴즈쇼 〈제퍼디Jeopardy〉에서 우승한 것은 이미 5년 전의 일이다. 만약 당신이 인공지능을 빌려 쓰고 싶다면 IBM에 신청해서 사용할 수 있다. 스마트폰의 어플 시장도 인공지능을 기반으로 한 어플로 점점 이동하고 있는 추세다. 2020년 전후로 자율주행자동차가 현실이 될 경우 자동차 제어도 인공지능이 맡게 될 것이다. 이미 자동차는 전자장치다. 스스로 제어하는 환경으로 발전될 경우 사람들은 기계장치에 더욱 의존하게 될 것이다. 이때도 필수요소가 인공지능이다. 우리는 자동차를 통해 사물인터넷Internet of Things(IoT)을 경험하게 될 테고, 이런 환경이 집과 사무실 영역까지 확장될 날이 올 것이다. 이 모든 것을 인공지능이 제어할 것이다. 빠른 시간 내에 인공지능이 실생활에 활용될 수 있다.

과거와 지금은 속도가 다르다. 지난날들은 지금보다 기술의 변화나 환경의 변화, 패권의 변화가 빠르지 않았다. 하지만 지금의 변화는 역사적인 임계점의 시대보다 훨씬 속도감이 빠르고 변화폭이 크다. 시간과 공간이 압축된 어마어마한 변화가 진행되고 있다. 지난 100년의 변화는 그 이전 5,000년의 변화만큼 빨랐다. 지난 20년의 변화는 이전 100년의 변화만큼 속도감이 있었다. 미래 10년의 변화는 지난 20년의 변화보다 빠르게 진행될 것이다.

그림 1-3 변화의 가속도

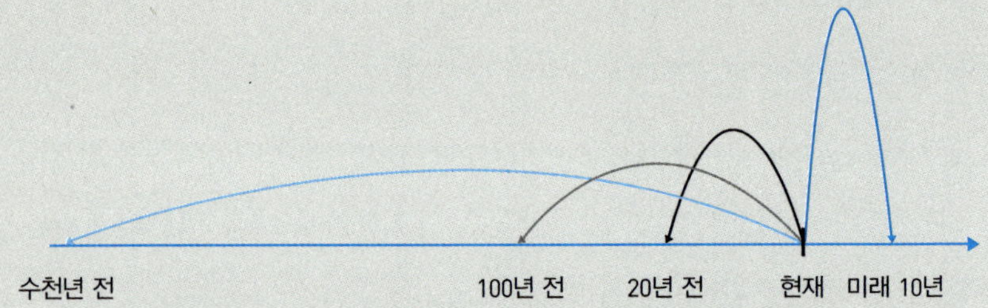
수천년 전
100년 전
20년 전
현재
미래 10년

스마트폰이 한국사회에 정착된 지 10년이 되지 않았다. 그 짧은 시간 동안 한국사회뿐 아니라 전 세계인의 삶이 바뀌었다. '황의 법칙'(삼성전자의 황창규 사장이 발표한 '메모리 신 성장론'에 나오는 법칙으로 1년마다 반도체 메모리 용량이 2배씩 증가한다는 내용을 담고 있다. 이는 반도체 메모리 집적도가 1년 6개월마다 2배 증가한다는 무어의 법칙에 비해 시간을 크게 단축시킨 것이었다)처럼 미래의 기술들은 기술집약적으로 성장할 것이다. 당신이 생각하는 속도보다 더 빠르게. 즉 자연으로 들어가 문명과 자발적 결별을 선언하지 않는 이상, 기술의 발전을 따라가든지 발전보다 좀 더 빠르게 기술을 습득해야만 쓸모 있는 인재로 평가받을 가능성이 높아진다는 의미다.

그럼 이런 변화를 만들어내는 힘은 무엇일까? 세 가지 힘을 주목해야 한다. 산업, 경제 그리고 사람이다. 우리가 살아갈 미래에도 세 가지 힘이 서로 영향력을 주고받으며 새로운 위기와 가능성을 만들어낼 것이다.

▶2 산업, 경제, 인재의 대이동

2008년 시작된 글로벌 위기는 아직 끝나지 않았다. 2016년 현재, 절반 정도 지났을 뿐이다. 지난 절반은 미국과 유럽의 위기였다. 앞으로 절반은 신흥국과 동남아시아 그리고 한중일 아시아 중심 국가들 차례다.

산업의 대이동
: 신 넛크래킹의 해법을 찾아라

한국의 지난 50년간 변화는 충격적이었다. 도로가 확장되고 새로운 교통수단이 등장하면서 대내외적인 상황과 환경에 변화가 생겼다. 인구가 증가하고 새로운 도시들이 생겨났다. 한국전쟁 후 50년의 세월 만에 우리는 완전한 반전을 만들어냈다.

산업과 일자리 지형도 변화되었다. 50년 전 농업 위주였던 한국의 주요산업은 공업화를 거쳐 제조업과 서비스업 중심으로 변해왔다. 지금까지는 자동차, 화학정유, 조선, 건설, 금융, 전기전자가 약진했다. 한국경제는 수출의존도가 높은 것이 특징인데, 국민총소득 Gross National Income(GNI) 기준 무역의존도를 보면, 2007년 81.6%에서 2008년 104.5%로 100%를 넘더니 2011년 113.5%로 정점을 찍었다. 그런데 문제가 발생했다. 2011년 이후로 추세하락이 시작된 것

  국민총소득 대비 수출입 비용(단위: %)

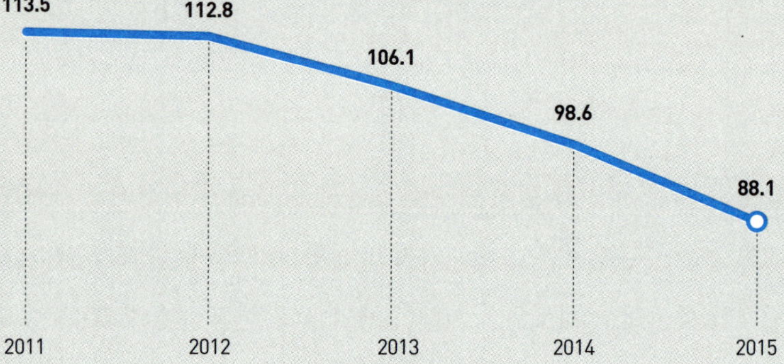

이다. 결국 2015년 88.1%로 급격하게 떨어졌다.

내수를 활성화시키고 싶어도 인위적으로 내수경기를 회복시킬 수 없는 상황이다. 왜냐하면 성장에서 침체로 상황이 변했고, 변화의 대응책을 마련해두지 않았기 때문이다.[12] 게다가 지금 농업에서 제조·서비스업을 거쳐 첨단산업으로 나가는 새로운 지형의 길목에 서 있음에도, 새로운 도약의 준비도 되어 있지 않다.

기업들은 생존의 기로에 서 있다. 기업 차원의 거대한 변화가 시작되고 있지만 위기의 해법을 찾지 못하고 있는 상황이다. 오죽하면 현대 정몽구 회장은 회의석상에서 이렇게 말했다.

"어려운 외부환경은 이제 변수가 아니라 상수인 만큼 끊임없는 혁신만이 불확실성의 시대에도 생존할 수 있는 방법이다. 시장의 변화를 분석하고 예측하는 시스템을 강화해 시장 변화를 먼저 이끄는 기업이 돼야 한다."[13]

이쯤에서 질문이 있다. 과연 시장 변화를 먼저 이끌 기업이 있는가? 이 질문은 상당히 중요하다. 왜냐하면 개인들은 국가와 기업의 포지션에 따라 성패와 존망이 달라지기 때문이다. 그래서 우리는 질문해야 한다. 우리 기업들은 시장을 이끄는 기업인가? 아쉽지만 어떤 기업도 세계시장을 이끌고 있는 것처럼 보이지 않는다. 이유는

---

12 "한국경제 무역의존도 8년 만에 최저", 〈서울신문〉, 201년 4월 17일자.
13 "정몽구 회장 '끊임없는 혁신만이 불확실성 시대 생존법'", 〈뉴스토마토〉, 2016년 7월 18일자.

무엇일까? 간단하다. 해방 이후 새로운 시장을 개척하거나 시장을 만든 경험이 전무해서다.

이와 관련해 라면시장에 얽힌 일화가 있다. 얼마 전 불기 시작한 짬뽕라면 열풍에 힘입어, 지금까지 출시된 짬뽕라면만 해도 그 수가 20여 개에 육박한다. 한 브랜드는 3개월 만에 1억 개의 판매고를 올렸다. 그렇다면 짬뽕라면은 어떻게 등장한 것일까? P식품회사의 마케팅 팀장이 한 언론에서 짬뽕라면 개발에 관한 일화를 공개한 적이 있다. 그는 프리미엄 짜장라면의 성공을 보고 짬뽕라면에 대한 수요를 직감했다. 그의 팀은 바로 개발에 착수해 한 달 만에 제품을 완성했다. 그 뒤 여러 업체들이 개발에 착수했고 대부분의 브랜드들이 프리미엄 짬뽕라면의 개발을 완료하게 되었다. 그런데 문제는 짬뽕라면이 짜장라면처럼 성공할 수 있을지에 대한 의문이었다. 실패 경험이 있었다. 오래전 독특한 콘셉트로 출시했다가 반짝 성공에 그친 '꼬꼬면'의 실패를 기억할 것이다.[14] N사의 프리미엄 라면이 가격저항 여론에 뭇매를 맞고 후퇴했던 경험도 기억하고 있었다. 새로운 시장 개척을 장담할 수 없는 상황이었다. 기업들은 서로 눈치를 보았다. 그러던 중 긴장을 깨고 도전을 시도한 업체가 등장했다. 2015년 10월 15일 O사의 J짬뽕이다. 이 제품은 출시되자마자 모든 우려를 불식시키고 붐을 일으켰다. 3주 뒤인 11월 12일 B짬뽕, 16일

---

14 "그 많던 '꼬꼬면'은 다 어디로 갔을까," 〈국민일보〉, 2016년 5월 22일자.

M짬뽕, 17일 G짬뽕이 연달아 출시되었다. 결국 제품 개발은 P사가 가장 앞섰지만 시장의 승자는 O사가 된 것이다.

이 에피소드는 21세기 글로벌 경쟁상황의 압축판이다. 새로운 환경과 새로운 환경에 도전해 새로운 제품을 개발해야 한다는 과제가 우리의 현실과 유사하다. 새로운 시장을 만들 탁월함이 필요하다.

'새로운 시장이 왜 필요한가?' 하는 질문이 있을 수 있다. 간단하다. 앞서 언급한 것처럼 기존 산업은 성장 한계, 넛크래킹nutcracking에 있기 때문이다. 넛크래킹은 진퇴양난의 상황을 호두 까는 기구에 끼인 호두의 처지에 비유한 말이다. 경쟁자들은 많아졌고, 세계는 A라는 지점에서 새로운 B라는 지점으로 패러다임의 전환을 맞이한 상황이다. 세계경제는 위축되었다. 돈을 찍어내고 있지만 경기는 회복되지 않는다. 당분간 모든 것이 비관적으로 보이는 상황이다. 소비자들이 지갑을 열 만한 이유가 등장해야 한다. 시장을 발명해내지 못하는 한 기업은 계속 어려워질 것이다. 하지만 시장에 대한 확신이 없다. 선두에 서면 이익도 있지만 리스크도 무시할 수 없다. 기업들은 도전이 꺼려진다. 물론 확신의 부재라는 문제만 있는 것이 아니다. 지금 우리는 세계적인 콘텐츠, 아이템도 부족하다. 최근 증강현실Augmented Reality(AR) 기술을 바탕으로 한 모바일게임 '포켓몬 고'가 선풍적인 인기를 끌고 있다. 현대경제연구원은 포켓몬 고 열풍을 다음과 같이 분석했다.

"AR 기술은 이미 기술적 토대가 마련돼 있었지만 포켓몬 고 게임은 여기에 창조적 아이디어를 더해 소비자들에게 새로운 경험을 제시했다. 한국도 단순히 기술 개발에만 그치지 말고 차별화된 콘텐츠 개발에 주력해야 할 필요가 있다.”[15]

AR 기술이 없었던 것이 아니다. 포켓몬 고와 같은 형식의 게임은 이미 존재했다. 다만 우리에게는 이런 시장을 만들어낼 용기와 콘텐츠가 없었던 것이다. 콘텐츠가 있다고 주장하겠지만, 안방 콘텐츠다. 세계적 콘텐츠가 필요하다.

실패 경험은 새로운 제품을 주눅 들게 한다. 새로운 시장에 대한 도전은 더욱 위축될 수밖에 없다. 실패하면 기업이 사라질 수도 있으니 서로 눈치만 보게 된다. 그런데 이런 상황에서 스토리와 기술을 가진 자가 포켓몬 고라는 제품으로 시장에 도전했고 시장을 발명했다. 이제 가능성을 봤으니 후발주자들이 달려들어 AR을 이용한 게임을 내놓을 것이다. 시장은 기술, 스토리, 도전, 모험으로 무장한 팀이 선두에 서고, 후발주자는 따르게 될 것이다.

드론도 기술이 없는 것이 아니라 시장이 없다. 3D프린터도 마찬가지다. 인공지능, 가상현실Virtual Reality(VR), 로봇, 우주항공, IoT, 바이오, 나노 등 대부분의 미래 산업들에 기술, 스토리, 도전, 모험이 맞물려 시장을 만들어나가야 한다. 따라서 이런 시장을 만들 새로운 능력이 있다면 시장을 만들어 수익을 증대시킬 수 있다.

---

15 “‘포켓몬 고’ 맞설 ‘뽀로로 고’ 나온다”, 〈동아일보〉, 2016년 7월 19일자.

이런 현상이 특정 분야를 넘어서 모든 산업 분야에 고르게 나타나고 있다는 데 주목해야 한다. 동시다발적으로 변화되는 상황에서 동시다발적으로 시장을 예측하거나 시장을 발명해야 하는 기로에 서 있다. 당신의 기업에 시장을 발명할 능력이 있다면 선점할 수 있는 기회이고, 성장할 수 있는 기회가 열려 있다. 만약 능력이 없다면 기다리면 된다. 그러나 리스크는 있다. 시장을 누가 언제 만들지 알 수 없다는 것이다. 그래서 개인이나 기업이나 기존 산업으로 버틸 만한 여력과 새로운 시장으로 수익을 얻을 때까지 시간비용을 지불할 능력이 있어야 한다.

물론 이미 발명된 시장에서 선도적인 위치를 점한 기업들도 성공에 안주하여 손을 놓고 있지는 않는다. 미래를 위해 새로운 시장에 투자한다. 예를 들면 삼성은 스마트폰 매출 하락을 예견하고 송도에 바이오 투자를 하고 있다. 그러나 현재로서는 투자분의 성장이 매출 하락분을 메울 수 있을 만큼은 아니다. 신사업이 성장하기까지는 시간이 필요하다. 버틸 시간, 확장할 시간, 성장할 시간이 필요하다. 극단적으로 말해 스마트폰 매출이 0%여도 상관없을 정도로 신사업이 성장하려면 시간이 필요하다.

개인들은 이런 문제들이 차근차근 해결될 때까지 시간의 비용을 좀 더 감수해야 한다. 보편적 개인은 시장이 발명될 때까지 기다려야 한다. 전 세계 부채 상황과 기술, 콘텐츠, 버블 문제가 해결되고 새로운 시장이 열리려면 2020년 이후 정도는 되어야 한다. 하지만 이런 시장이 발명되고 시장이 폭발적으로 성장하는 과정을 겪으면, 역량이 있다는 전제하에 자연스럽게 부의 이동은 가능할 것이다. 이 때까지는 기업을 운영하기가 힘들 수 있다.

따라서 기업은 공격적으로 투자를 감행할 이유가 없다. 실제로 산업화학 전문업체 OCI는 전남 군산에 3조 4,000억 원을 들여 지으려던 폴리실리콘 제조설비 투자계획을 취소했다. 2012년부터 네 번에 걸쳐 투자연기를 한 것이다. 2016년 7월 한국은행이 발표한 '하반기 경제전망' 자료 〈그림 2-2〉를 보면 설비투자 증가율 예상치가 2016년 -2.1%였다. 윤유진 산업연구원 선임연구원은 "설비투자에 나섰던 기업 상당수가 수출업체인데 세계 수요가 회복되지 않으니 투자하기 어려워진다. 특히 중국을 포함해 전 세계가 과잉설비로 어려움을 겪으면서 기존 설비를 줄이는 판에 투자해 설비를 더 늘릴 이유가 없다"고 분석했다.

기업이 새로운 직원을 채용할 이유도 없다. 굳이 채용한다면 실현 가능한 새로운 아이디어를 가진 사람, 콘텐츠를 만들 수 있는 사람이다. 전통적 방식의 카피맨은 이제 필요치 않다. 새로운 시장의 발명은 카피로는 안 된다. 따라서 미래에는 잘 외워서 높은 점수를 얻는 능력은 경쟁력이 될 수 없다. 점수는 아이디어로 100% 직결되는 것이 아니다.

또 다른 이유도 있다. 지멘스Siemens식 스마트팩토리smart factory의 출현이다. 제조공장에 첨단 IT를 접목해 에너지효율을 높이고 자동

산업, 경제, 인재의 변화에 대비하라

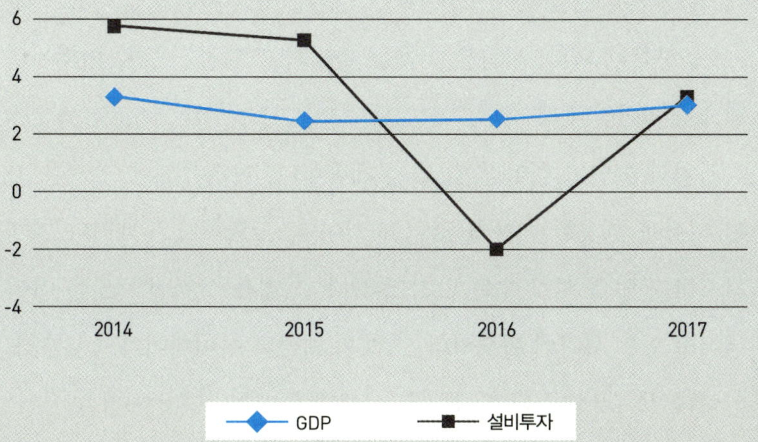

자료 한국은행

---

16 "투자 않는 기업⋯ 경제성장률도 낮춘다", 〈이데일리〉, 2016년 7월 19일자.

화 비중을 높인 스마트팩토리가 보급되면, 노동인력과 설비투자는 감소할 것이다. 스마트팩토리는 무한한 능력을 가지고 있다. 스마트팩토리의 자동화율은 75%다. 연간 183억 개 데이터를 분석한다. 설계 및 주문 변경이 있어도 99.7%의 제품을 24시간 내에 출시할 수 있다. 그리고 수만 개의 부품에 일련번호가 있어서 어느 부분에 문제가 있는지 즉시 확인할 수 있다. 100만 개당 불량 건수가 11.5개에 불과하다. 이론상 새로운 제품을 위해 시설투자를 할 필요가 없고, 불량률도 없다. 사람은 기계를 관리하고 고칠 노동자 이외에는 필요가 없어진다.[17]

기업의 고민이 깊어질 수 있는 대목이다. 이른바 좋은 스펙을 가진 사람을 채용할 이유가 없어진 것이다. 고학력자를 데려다 기계 감시하는 일을 시킬 수는 없지 않겠나. 기업을 살려낼 새로운 아이디어가 있는 사람이 필요하다. 그래서 지금은 아이디어가 승부수다. 아이디어는 기회가 된다. 반대로 아이디어가 없다면 위기다.

이런 측면에서 인재상도 변화하고 있다. 하지만 수년째 제자리걸음이다. 기업이든 구직자든 변화 속에서도 변화하기를 거부한다. 여전히 스펙만을 중시한다. 그러나 스펙이 새로운 탁월한 생각을 만들어내는 것은 아니다. 세상은 변했다. 스펙 바라기는 끝나야 한다.

하지만 치열한 스펙 경쟁이 극적인 반전을 이루기까지는 상당한

---

17 "스마트팩토리, 산업 인터넷 혁명의 서곡", 〈한국경제〉, 2016년 6월 16일자.

시간이 필요할 것이다. 3차산업의 마지막과 4차산업 초입에서 산업
의 혼돈은 2025년까지는 이어질 것이다.
산업, 경제, 인재의 변화에 대비하라

경제의 대이동
: 금융위기의 가능성에 대비하라

산업만 혼돈에 빠진 것이 아니다. 경제에도 거대한 변화가 나타나고 있다. 미래산업의 흥망이 새롭게 재편되고, 투자지역, 투자방식, 투자전략이 바뀐다. 1990년대 평균 15% 금리 시대의 투자와 2016년 역사상 처음 접해보는 1.25% 금리 시대에 투자전략이 같을 수는 없다. 새로운 변화의 시대에는 일하는 방식, 생각하는 방식, 삶의 방식, 노는 방식, 주거, 학습, 생산 방식에 이르기까지 모든 것이 바뀐다.[18]

변화는 위기와 기회의 교차를 의미한다. 승부를 해야 한다. 우리는 살길을 찾아야 한다. 그러나 위기 안에서 기회를 찾는 것이 쉬운

---

[18] 최윤식, 《2030 대담한 도전》, 332쪽.

산업, 경제, 인재의 변화에 대비하라

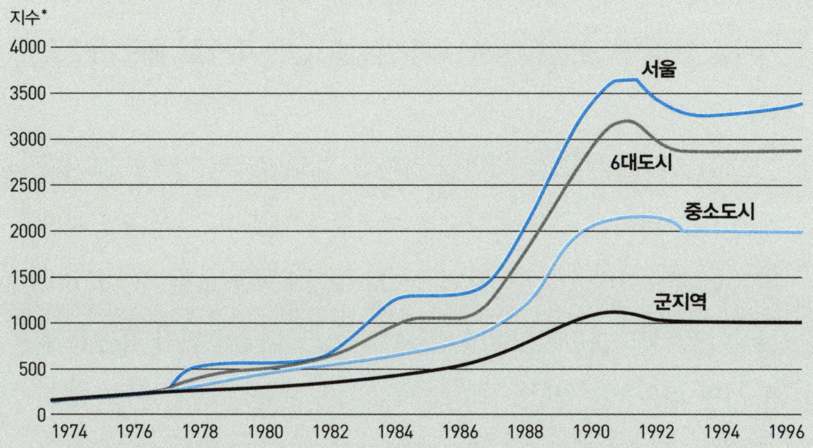

일은 아니다. 두 가지 이유가 있다. 첫째, 기회는 모든 사람에게 허락되지 않는다. 위기 속 기회는 특별한 자의 것이다. 특별한 자가 누구일까? 바로 자본을 가진 사람과 생산수단을 개발하고 소유한 사람이다. 자본과 생산수단을 소유한 사람은 '파레트의 법칙'이 말하는 것처럼 전체 부의 80%를 가지고 있는 상위 20%에 국한된다. 즉 기회가 누구에게나 쉽게 허락되지 않는 것이다. 지난 50년간 보편적 기회를 얻을 수 있었던 때와는 완전히 다르다. 투자를 해본 사람은 알 것이다.

〈그림 2-3〉 그래프에 나타난 것처럼, 대한민국의 지역별 토지가격은 1974년부터 추세적 상승을 이어왔다. 정도의 차이는 있지만 1990년대 초까지 16년간 보편적으로 투자소득을 올릴 수 있었다. 상식이 없어도, 투자지식이나 안목이 없어도, 대출을 받아 집과 토지를 사면 대출금을 갚고도 남는 잉여소득을 충분히 올릴 수 있었다. 실제로 대한민국의 많은 사람들이 상당히 큰 소득효과를 얻었다.

대한민국만의 일은 아니다. 〈그림 2-4〉를 보면, 일본은 잃어버린 20년이 시작되기 전인 1990년까지, 미국은 서브프라임 사태가 발생하기 전 2008년까지 추세적 상승을 이어갔다. 이 나라들의 국민들에게도 특별한 투자원칙, 지식, 안목 없이도 충분히 자산을 증식할 수 있는 가능성이 열려 있었다.

지금은 상황이 달라졌다. 보편적 기회는 사라지고 있다. 급격한 변화 초입의 한국은 보편적 기회를 주지 않는다. 현재는 준비된 소

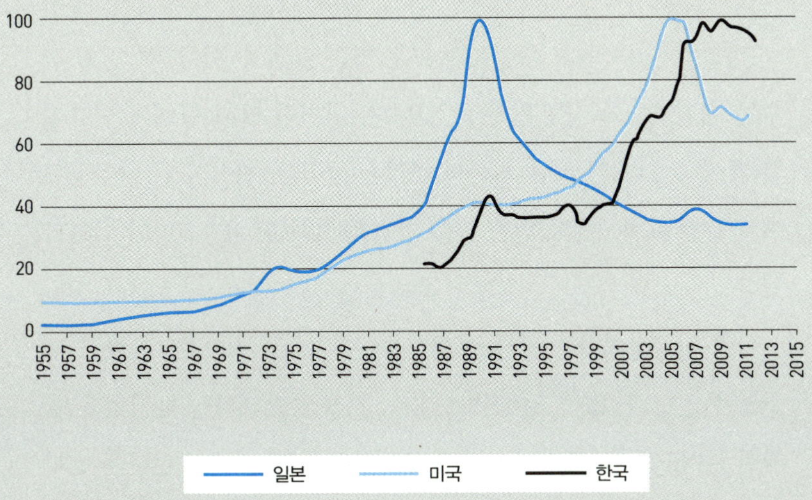

* 한국은 서울 아파트 가격, 미국은 S&P 케이스–실러 20대 도시 주택가격지수, 일본은 6대 도시 주거용지 가격임.

해당년도 1월 기준.

19 일본 부동산연구원(JREI), 미국 데이터스트림, 로버트 실러Robert Shiller 교수 홈페이지, 한국 국민은행 부동산통계 자료를 필자가 가공함.

수에게만 기회가 있다. 차라리 2020년 이후 있을 새로운 기회가 당신의 것이 될 수 있도록 준비하는 데 에너지를 쏟아부어라.

위기 안에서 기회를 찾는 것이 쉽지 않은 두 번째 이유는, 위기 속 기회는 리스크가 상당하기 때문이다. 상당한 지식과 수준을 갖추지 못했다면 위기에서 기회를 뽑아낼 수 없다. '선무당이 사람 잡는다'는 격언을 잊지 마라. 어설프면 모든 것을 잃을 수 있다. 한 번의 실수는 재기불능의 상황을 만들 것이다. 완전한 탈진 상태에 이르게 할 것이다. 그래서 지금 최선의 공격은 방어다. 방어적 관점에서 위기가 끝날 때까지 살아남는 것이 가장 중요하다. 왜? 살아야 기회가 있다.

이미 저성장이라는 사실을 받아들여야 한다. 거스를 수 없고 누구도 부인할 수 없는 저성장 시대다. 저성장 시대에는 대기업은 수익이 늘어도 동네 빵집의 매출은 요지부동이다. 경제의 선순환이 이루어지지 않기 때문이다. 혹자는 고성장의 가능성에 대해 반문한다. 또 어떤 이는 지난 50년간 대한민국이 이룬 압축성장과 한강의 기적을 말한다. 민족성이 다르기 때문에 일본과 같은 잃어버린 20년을 경험하지 않고 지혜롭게 다시 성장할 수 있을 것이라는 낙관론을 펼치기도 한다. 물론 우리 민족은 참 대단한 민족이다. 1953년 한국의 국내총생산Gross Domestic Product(GDP)은 13억 달러였지만 2014년에는 1조 4,495억 달러가 되었다. 1인당 국민소득은 67달러에서 2만 8,739달러로 급증했고, 불과 50~60년 사이 G20국가가 되었다. 우리는 저력이 있는 민족이고, 미래에 전 세계를 깜짝 놀라게 하는 일이 있을 것이라 믿는다. 그러나 지금은 아니다. 앞으로 5~10년 사이는 아니다. 이유는 이미 필자가 소속되어 있는 아시아미래인재연구소와 필자가 저술한 책을 통해 수차례 언급했듯, 시스템적 한계가 있기 때문이다. 기존 산업의 한계, 저출산, 고령화, 종신고용 붕괴, 금리정책, 부동산정책, 통일문제, 정치문제 등 시스템적인 문제가 산재해 있다.

우리가 바라는 새로운 성장에 진입하기 위해서는 사회구조적으로 가능한 시스템이 구축되어야 한다. 과연 우리 시스템은 다시 성장할 수 있는 시스템을 구축할 수 있을까?

2008년 시작된 글로벌 위기는 아직 끝나지 않았다. 2016년 현재, 절반 정도 지났을 뿐이다. 지난 절반은 미국과 유럽의 위기였다. 앞으로 절반은 신흥국과 동남아시아 그리고 한중일 아시아 중심 국가들 차례다. 정말 그런가? 다음은 아시아미래인재연구소에서 최윤식 박사와 필자가 미래연구를 바탕으로 발행한 보고서의 한 부분이다. 이 글은 우리가 사는 시대의 환경을 보다 선명하게 이해할 수 있도록 도와줄 것이다.

앞으로 2~3년간은 신흥국과 동남아시아에서 위기가 발발할 것이다. 인도, 인도네시아, 브라질, 터키, 남아프리카공화국, 우크라이나, 러시아, 베네수엘라, 칠레 등이 1차 위험군에 속한다. 터키, 남아프리카공화국, 칠레, 인도, 인도네시아 등은 외화보유고가 1년 정도의 단기외채와 경상적자를 메울 수준에 불과하다. 헝가리, 브라질, 폴란드는 2년 정도 버틸 수 있다. 이들 중에 두세 나라가 외환위기에 빠져도 크게 이상할 것이 없다. 2014년 양적완화 정책 발표가 나오자 신흥국에서 두 달 동안 빠져나간 달러가 640억 달러가 넘는다. 이 같은 추세가 지속되고, 금리마저 인상되어 신흥국 위기가 지속되면, 버틸 수 있는 나라가 그리 많지 않을 수 있다.

2~3년 후부터는 한중일 아시아 삼국이 위기의 중심에 서게 될 가능성이 크다. 일명 '아시아 대위기'가 시작된다. 2008년에 시작된 전 세계 경제위기는 아시아 대위기가 끝난 후에야 비로소 완전히 끝난다. 그리고 10~15년 정도 전 세계적인 새로운 대호황기가 시작될 것이다.

많은 사람들의 생각과는 다르게, 아시아와 신흥국은 지난 5년간의 금융위기를 잘 극복한 것이 아니다. 한국도 마찬가지다. 한국을 포함한 대부분의 아시아 국가들은 수출국가다. 유럽과 미국, 중국이 주요 수출국이다. 지난 5년은 미국과 유럽에 금융위기와 외환위기가 발발하여 소비가 크게 침체되었다. 아시아 국가들의 수출도 크게 침체될 수밖에 없었다. 그런데 아시아가 무슨 수로 위기를 극복했단 말인가?

당신이 장사를 하는 사람이라고 해보자. 당신 가게에서 물건을 많이 사는 단골 고객이 빚이 많아서 허리띠를 졸라매고 소비를 줄였다. 당연히 당신 가게의 매출이 줄고 수익도 줄어드는 것이 상식이다. 그런데 매출과 순수익은 줄었지만 당신이 매달 지출해야 하는 경비는 그대로다.

한 달을 결산해보니 이득이 줄어드는 수준이 아니라 아예 마이너스가 되었다. 당신은 가게를 차리고 유지하느라 이미 빚이 상당하다. 수입이 줄었어도, 이번 달에도 어김없이 은행에 이자와 원금 일부를 상환해야 한다. 남의 집 위기가 당신에게도 직접적인 영향을 준 것이다. 연쇄적인 위기다! 어떻게 탈출할 수 있을까? 답은 둘 중 하나다.

하나는 다른 고객을 발굴하는 것이다. 큰돈을 써주는 단골 고객을 대체할 만한 새로운 거래선을 뚫어야 한다. 그래야 겨우 이자와 원금을 내고 생활을 할 수 있다. 2008년 이후, 엄청난 돈을 써주는 큰 단골 고객인 유럽과 미국이 빚을 갚느라고 소비를 크게 줄였다. 아시아는 새로운 거래선을 뚫거나 미국과 유럽을 대신해서 큰돈을 써줄 다른 고객을 발굴했나? 대답은 'No!'이다.

심지어 일부에서는 아시아의 수출 엔진이 꺼지고 있다고 평가를 하고 있다. 〈월스트리트저널 The Wall Street Journal〉은 지난 수십 년간 아시아 국가들이 눈부신 경제발전을 이룩하는 데 주춧돌이었던 수출 엔진이 서서히 식어가고 있다고 평가했다. 지금 상황은 1997년 아시아 금융위기, 2001년 닷컴버블 붕괴 시기의 수출 하락과는 차원이 다르다고 보았다. 특히 중국, 일본, 한국, 대만의 수출경쟁력에 문제가 발생했다고 지적했다. 중국의 경우 낮은 성장률의 시대를 대비해야 하고, 한국과 일본도 수출에 의존한 경제성장 모델이 더 이상 유효하기 힘들다고 보았다. 미국 경기가 회복되면 아시아 수출에 도움이 되었던 지난날의 양상도 달라질 가능성이 크다고 예측했다. 미국인들이 부채를 축소하면서 아시아 국가들의 전기·전자제품에 대한 수요가 감소했고, 미국 제조업체들의 선전과 반격으로 미국의 소비 욕구를 만족시키기 위해 아시아 수입 물량 의존도를 예전같이 높이지 않아도 되며, 아시아 주요 국가들의 임금이 크게 향상되어 미국시장에서 가격경쟁력이 약화되고 있다고 평가했다. 실제로 미국의 아시아 4대 국가 수입 물량은 2008년 금융위기 전에는 두 자릿수 상승률을 보였지만, 2013년의 경우 전년과 비교해서 겨우 1%가 늘었을 뿐이다. 〈그림 2-5〉는 1997년부터 2014년까지 아시아 주요 4개국 한국, 일본, 중국, 대만의 수출동향이다.

그렇다면 아시아는 어떻게 위기를 극복했을까? 새로운 고객을 발굴하지 못한 아시아는 위기 극복을 위해 다른 방법을 선택했다. 은행에서 돈을 더 빌려서 매출과 순수익 감소분을 충당했다. 이 방법으로 우리 기업과 가계가 문을 닫거나 경매로 넘어가는 금융위기를 겨우 피했다. 위기를 극복한 것이 아니라, 발등에 떨어진 불을 끈 것뿐이다.

〈그림 2-6〉은 아시아 전체의 총요소생산성Total Factor Productivity(TFP) 증가율과 GDP 대비 은행신용 비율을 나타낸다. 그림에서 보듯이 지난 2008년 이후 아시아는 발등에 떨어진 불을 끄느라 부채가 급격하게 늘었다. 1990년대 중후반 아시아 외환위기 시절보다 부채 비중이 더 높지 않은가!

그래프에는 일본의 자료가 제외되어 있지만, 실제로 일본과 중국 등 아시아 대부분의 나라들이 부채가 늘었다. 한국도 지난 5년 동안 20% 이상 부채가 늘었다. 은행에서 돈을 더 빌려서 부족한 경비를 충당했고,

그림 2-5 한국, 일본, 중국, 대만의 대미 수출동향(단위: %)

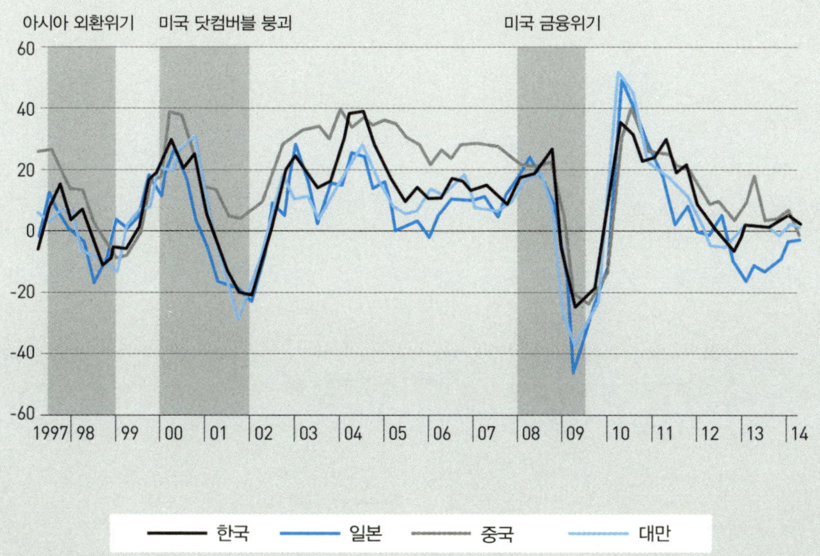
아시아 외환위기
미국 닷컴버블 붕괴
미국 금융위기
60
40
20
0
-20
-40
-60
1997 98 99 00 01 02 03 04 05 06 07 08 09 10 11 12 13 14
한국
일본
중국
대만

자료 톰슨 로이터

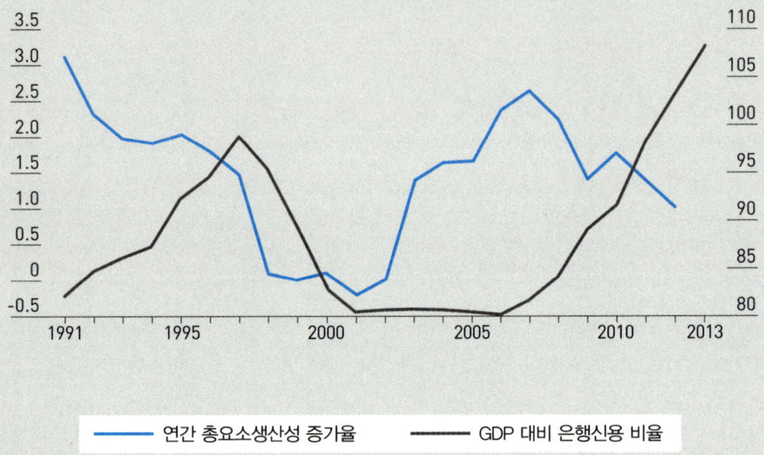

자료 파이낸셜 타임스 · HSBC

---

20 "빚 중독에 빠진 아시아… '황금시대' 끝났다", 〈헤럴드경제〉, 2014년 5월 13일자.

매달 밀려오는 은행이자를 냈다. 위기를 극복한 것이 아니라, 카드 돌려막기를 한 셈이다. 카드 돌려막기의 끝은 무엇일까? 갑자기 매출이 크게 늘지 않는 한, 아래 셋 중의 하나다.

파산bankrupt이나 워크아웃workout을 신청하든지,

소비를 줄여 빚을 갚든지,

금융위기를 겪는 것이다.

빌린 돈의 이자를 낼 수 없을 정도에 이르렀다면, 곧바로 원금을 갚는 절차를 밟아야 한다. 국가, 기업, 개인, 그 누구라도 예외가 없다. 앞서 열거한 세 가지는 모두 부채 디레버리징deleveraging의 결과다. 파산이나 워크아웃은 채권자가 주도하는 부채 디레버리징이다. 소비를 줄이는 것과 금융위기는 채무자 스스로 주도하는 부채 디레버리징이다.

파산破産은 중세 이탈리아에서 유래된 말이다. 정상적으로 장사를 해서는 빌린 돈에 대한 이자를 지불하고 원금을 상환하는 것이 불가능하게 된 상인들은 자신의 좌판을 부숴버리는 행동banca rotta, broken bank으로 부도를 선언했다. 상인들이 파산을 선언하면 채권자들은 상인의 남은 재산을 채권비율에 따라서 나누어 갖고 회사를 청산했다. 이것이 파산 절차다. 회사를 청산하고도 회수하지 못하는 돈은 고스란히 채권자들과 주주들의 큰 손해로 남는다.

워크아웃은 (큰 손해가 예상되는) 파산을 시키기 전에 법원이나 채권자

들이 주도하여 회사를 살리기 위한 마지막 시도를 하는 것이다. 최악의 손해를 피하기 위해 법원이나 채권자들은 이자와 원금 상환을 일시적으로 동결하고, 우량자산을 팔아 재무 건전성을 높이고, 다른 경영인을 세워서 업무를 계속하도록 하여 회사를 정상으로 되돌릴 수 있는 기회를 만든다. 기적적으로 회사가 기사회생하면 큰 손해를 피하고 원금과 이자를 그대로 다 받을 수 있다. 이런 과정을 법원이 주도하면 법정관리이고, 채권자가 주도하면 워크아웃, 즉 기업개선 작업이다. 이것이 실패하면 해당 회사는 청산 절차(파산 절차)를 밟게 된다.

국가 차원에서 이자와 원금 일부를 상환할 수 없는 상태가 되어 채무 불이행default of an obligation(디폴트) 선언을 하면 곧바로 외환위기 상황이 발발한다. IMF와 채권자들은 빚을 완전히 청산하는 파산 절차를 밟을지, 워크아웃 절차를 밟을지 선택한다. 1997년 한국의 IMF 구제금융 신청은 국가 차원의 워크아웃 신청이었다. 1997년 한국은 IMF 주도하에 정상적으로 부채의 원금과 이자를 갚을 수 있을 수준으로 경제를 개선하는 강력한 구조조정을 단행했다. 이 경우 강력한 구조조정이 끝나고 IMF에 빌린 돈을 다 갚으면 국제 채권시장에 곧바로 복귀할 수 있다.

한편 구소련이 붕괴될 때 나타난 채무불이행 상황은 파산 절차를 밟은 것이었다. 구소련은 나라가 망하면서 동시에 파산 절차를 밟아 빚이 제로가 되었다. 완전 파산이 되면 빚은 제로가 되어서 좋지만 수년 이상 국제 채권시장에 발을 들여놓을 수 없게 된다. 국제적인 신용불량자가 된 것과 같다.

소비를 줄여 빚을 갚으면 저성장에 빠지게 된다. 파산은 겨우 면했지만, 소비를 줄이는 정도로 끝나지 않고 생존을 위해 일부 출혈을 감수해야 하는 경우도 있다. 예컨대 단순하게 소비를 줄이는 선에서는 이자와 원금 일부를 상환할 수 없다면, 차든 집이든 팔아야 한다. 금융위기가 바로 이런 상황이다.

다시 질문하겠다. '아직 위기인가?' 분명 위기다. 위기 속의 저성장은 얼마나 이어질까? 답은 간단하다. 소비자들이 다시 빚을 내어 소비를 할 수 있을 때까지 저성장은 유지될 가능성이 높다. 그럼 소비자들은 언제쯤 빚을 낼 수 있을까? 개인 부채가 확실하게 줄거나 개인 소득이 증대되거나 둘 중 하나다. 둘 중 하나의 시그널이 포착되면 저성장을 탈피하는 새로운 차원의 문이 열릴 것이다.

위기는 우리가 죽을 때까지 계속되지 않는다. 어느 정도의 속도로 변화와 위기가 휘몰아쳐 지나고 나면 새로움에 대한 기대는 반드시 생긴다. 새로운 사람, 인재에 대한 수요도 나타난다. 이 타이밍을 잡아야 한다. 2020년 이후 변화된 시대는 완전히 다른 차원의 사람을 원할 것이다. 지난 50년간 필요했던 사람이라도 2020년 이후 보편적 관점에서는 더 이상 필요하지 않을 수 있다. 미래는 완전히 다른 관점에서 인재를 정의할 것이고, 그 시대에 맞는 자격을 갖춘 사람만이 인재로 인정받게 되며, 이런 인재가 세상을 완전히 새롭게 변화시켜갈 것이다. 1900년대 토머스 왓슨Thomas Watson이 그랬고, 헨리 포드가 그랬던 것처럼 당신도 2020년 이후 세상을 완전히 새롭게 할 인간이 되어야 한다.

인재의 대이동
: 인재의 새로운 기준을 세워라

산업과 경제의 커다란 변화의 방향성을 살펴보았다. 이제 우리는 산업과 경제의 판도 안에서 플레이어에 해당하는 개인은 어떤 변화를 맞이하게 될지 고민해야 한다. 이 고민을 위한 질문이 있다. '세상은 어떤 사람을 인재라 부르는가?' 이 질문에 답을 찾아보자.

흔히 인재라고 하면 '똑똑한 사람'을 떠올리기 쉬운데 이것은 심각한 편견이다. 특출한 재능이 있어야만 인재라는 생각은 우리가 후천적으로 교육받은 것일 뿐 정답은 아니다. 이런 편견이 현실을 왜곡시킨다. 똑똑하지 않으면 쓸모없는 잉여라고 착각하게 한다. 그렇지 않다. 사람마다 다른 개성과 사명과 재능이 있을 뿐이다.

그렇다면 인재란 누구인가? 인재란 세상이 필요로 하는 사람이다. 인재의 기준과 조건은 시대와 사회에 따라 달라진다. 1900년대 산업혁명 시기를 예로 들어보자. 1900년대 사회와 시대는 자기 분야에서 전문적인 역량을 발휘하는 사람을 인재라고 생각했다. 산업화에 따른 분업의 영향이었다. 다른 분야에서의 역량은 부족해도 자기가 맡은 역할만 잘해내면 충분히 인정받았다. 그러나 2000년에 들어서면서 자기 분야의 전문가는 더 이상 인재가 아니게 되었다. 오해하지 마라. 전문가이지만 인재는 아니다. 미래에 필요한 인재는 자기 분야에서 전문적인 것은 물론 다른 분야에서도 역량을 발휘해야 한다. 우리는 이런 사람을 융합적 인재라 부른다.

융복합의 시대, 경계 파괴의 시대에는 자기 것만 잘한다고 인재가 될 수 없다. 나와 다른 영역에서 협업할 수 있는 역량이 중요하다. 이런 협업을 통한 새로운 창의적 아이디어를 세상은 기대하고 있다. 이처럼 인재의 정의는 사회의 방향성과 시대성에 따라 달라진다. 그래서 똑똑하다는 특징 하나만으로 사회에 필요한 사람이라 규정할 수 없다.

시대에 따른 이념적 변화도 인재의 기준에 영향을 미친다. 이념이란 사회주의, 공산주의, 민주주의 등으로 분류되는 견해를 말한다. 그 안에서 진보가 있고 보수가 있고 중도가 있다. 이념적 성향에 따라 사회는 인재의 기준을 수정하고 보완한다. 사회주의 진영에서 보는 인재와 민주주의 진영에서 보는 인재가 같을 수 없다. 경제적 이념도 마찬가지다. 카를 마르크스Karl Marx의 사상이 지배하는 지역의 인재와 애덤 스미스Adam Smith의 사상이 지배하는 지역의 인재는 차이가 있다.

사회적 상황과 기술의 발전에 따른 비즈니스의 변화도 인재상에 변화를 준다. 한국의 경제발전 상황을 놓고 생각해보자. 지난 50년 동안 한국사회는 자동차, 화학정유, 조선, 건설 등의 산업으로 성장해왔다. 이런 산업시대에는 자동차, 조선, 화학, 건설 같은 제조업적 역량을 가진 사람이 인재였다. 조직 안에서도 맡은 일을 성실하게 완수하는 사람이 유능한 인재로 여겨졌다. 상부에서 시키는 일을 책임감 있게 진행해 목표와 성과를 낼 수 있는 사람이어야 했다. 하지만 지금은 사정이 달라졌다. 미래에는 성과지향적이고 목표지향적인 사람이 인재라고 평가받지 못할 것이다. 미래에도 인재의 조건이 지금과 같을 것이라고 생각한다면 기업이나 개인이나 공멸할 길만 남았다.

도시바Toshiba와 미쓰비시Mitsubish, 폭스바겐Volkswagen은 한때 승승장구했던 글로벌 기업들이다. 그러나 도시바는 회계장부 조작으로 위기에 직면했고, 미쓰비시와 폭스바겐은 연비조작으로 엄청난 위기를 겪고 있다. 미쓰비시의 경우 1991년부터 연비 시험조작을 시작한 것으로 밝혀졌다.[21] 폭스바겐은 연비조작 사건 수습을 위해 최대 130조 원을 쓰고도 세계 최고의 사기꾼 기업이라는 오명을 꼬

---

21 "미쓰비시 자동차 사장 '연비 시험조작 1991년부터 시작'", 〈뉴시스〉, 2016년 4월 26일자.

리표처럼 달아야 할지 모른다.

이 기업들이 무너진 원인이 어디에 있을까? 사회적 상황과 비즈니스의 변화를 이해하지 못했기 때문이다. 이들은 환경이 변했음에도 과거의 방식으로 기업을 운영하고 인재를 세웠다. 과거에는 무리한 목표라도 경영진에서 설정하면 달성하려 했다. '10년 내 미국 판매를 5배로 목표를 달성하라'는 지시가 내려오면, 불가능해 보여도 'YES'라고 말하고 행동으로 목표를 이루어냈다. 일류 기업은 남들이 이룰 수 없는 목표를 이뤄내야 하고, 인재라면 남들이 따르지 못할 명령이라도 마땅히 완수해야 한다고 생각했기 때문이다.

그런데 미쓰비시 경영진은 2000년을 넘어오면서 상황이 변했다는 사실을 자각하지 못했다. 여전히 '경쟁사보다 연비가 5~10% 좋은 차를 1년 안에 내놓으라'는 무리한 목표를 설정했다. 직원들은 일류 기업과 인재에 대한 착각 때문에 단기간 목표를 이룰 수 없음을 알고도 불가능을 시도했다. 결국 그들은 실험수치를 조작하고 연비를 부풀리는 잘못을 저질렀다. 변화를 이해하지 못한 기업은 일류 기업이 될 수 없고, 변화를 이해하지 못한 사람은 인재가 될 수 없다.

그림 2-7 미래인재의 요건

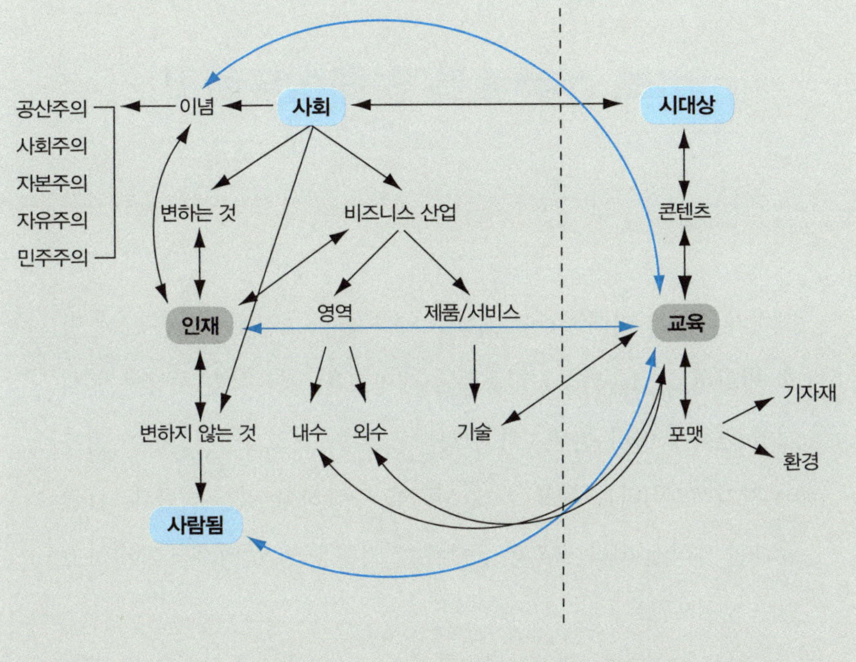

공산주의
사회주의
자본주의
자유주의
민주주의
이념
사회
시대상
변하는 것
비즈니스 산업
콘텐츠
인재
영역
제품/서비스
교육
변하지 않는 것
내수
외수
기술
포맷
기자재
환경
사람됨

미래 콘텐츠를 업데이트하라

시대가 변하고 미래인재의 조건도 달라졌다. 그런데 교육은 그에 맞게 변화하고 있을까? 공교육부터 대학교육, 평생학습 시장까지 시대의 변화에 따라 콘텐츠가 변화되고 있는 것일까? 개인들이 저마다 자기계발이라는 목표 아래 성장을 추구하고 있기는 한데, 과연 달라진 세상에 따라 필요한 콘텐츠로 자신을 잘 준비하고 개발하고 있는 것일까?

미래인재와 교육 및 학습은 독자적으로 움직이지 않는다. 교육에서 중요한 요소는 포맷과 콘텐츠로 나눌 수 있다. 우선, 포맷 즉 틀은 기술발전에 영향을 받는 하드웨어나 행정적·환경적인 것들을 말한다. 예를 들어 기술발전에 따라 칠판이 화이트보드로, 또다시 전자보드로 바뀌게 된다. 과거의 활자 중심 학습이 미래에는 디바이스 중심으로 변화될 것이다. 이처럼 기술의 발전은 교육 및 학습 환경을 급속도로 변화시키게 마련이다.

다음으로 콘텐츠는 내용을 말한다. 포맷은 기술변화에 영향을 받는 데 비해, 콘텐츠는 시대상과 연결되어 있다. 따라서 교육의 내용은 시대상이 바뀌지 않으면 변하지 않는다. 반대로 시대가 원하는 인재상이 달라지면 당연히 학습의 콘텐츠도 달라져야 한다. 그래서 '지금 어떤 콘텐츠가 필요한가?'라는 질문에 답을 얻기 위해서는 '지금이 어떤 시대인가?'에 대해 먼저 물어야 한다.

공교육이든, 기업 교육이든, 은퇴 이후의 교육이든 새로운 콘텐츠의 시대가 열렸다. 기업과 기술, 기술과 사람, 사람과 사회의 미래와 맞추어 함께할 수 있는 콘텐츠로 교육이 준비되면 미래 교육은 지금보다 더 많은 가능성을 만들게 될 것이다. 그러나 지금 당장 교육의 콘텐츠가 바뀔 가능성은 희박해 보인다. 그래서 지금은 각자도생이 필요하다. 개인이 미래적 안목을 가지고 미래에 필요한 콘텐츠를 찾아 나서야 한다. 살아남을 수 있는 콘텐츠를 발견하고 새로운 아이디어로 혁신을 준비하는 사람이 미래의 인재가 될 것이다.

PART 2

새로운 시장, 기회의 선점

▶3 원하는 미래를 설정하라

미래의 인간은 어떤 일을 하며 살아갈까? 미래사회는 생활의 질적 수준이 지금보다 점점 높아질 것이다. 그에 따라 편안하고 여유로운 삶에 대한 욕구도 커지게 된다. 이런 현상은 '노동'의 개념을 변화시킨다. 즉 노동은 '생존'을 위해서가 아니라 '의미'를 위해서 존재할 것이다. 먹고살기 위해서가 아니라 삶의 '의미'와 '목적'을 찾기 위한 자유로운 탐색의 여정으로 노동을 활용할 것이다.

미래의 개념
: 미래를 보는 큰 그림을 그려라

미래에 대한 질문에 대답이 쉽지 않은 것은, 미래가 고정되어 있지 않고 현재와 함께 살아 움직이기 때문이다. 미래학에서는 미래의 범위를 서너 가지로 선택한다. 다양한 미래의 가능성이 존재한다는 의미다. 따라서 미래학에서 미래는 단수인 future가 아니라, 복수형인 futures로 표기한다. 미래학의 네 가지 미래방향은 다음과 같다.

실현가능성이 높은 미래 plausible future

가능한 미래 possible future

와일드카드 미래 wildcard future

원하는 미래 preferred future

‘기본미래baseline future’라고도 불리는 ‘실현가능성이 높은 미래’
는 논리적이며 확률적인 가능성이 높은 미래다. 현재와 같은 시스템
이나 구조로 가면 일어날 가능성이 가장 높은 미래를 의미한다. ‘가
능한 미래’는 확률적으로는 일어날 가능성이 낮지만 발생할 수 있는
미래다. 그리고 ‘와일드카드 미래’는 발생가능성은 희박하지만 발생
할 경우 엄청난 변화를 야기할 수 있어 잠재적 변수가 될 만한 미래
가능성이다. 마지막으로 ‘원하는 미래’는 바람직하고 소망스러운 미
래다. 지금은 여러 환경과 상황으로 다양한 어려움과 위기에 직면했
더라도, 잘 대비해서 비전을 이루어갈 미래라고 생각하면 된다.

이 네 가지 미래방향의 나침반을 활용하면 내가 사는 대한민국의
기본미래, 가능한 미래, 와일드카드 미래 속에서 내가 원하는 미래
로 가는 방향을 발견할 수 있다. 원하는 미래로 가기 위해서는 정치,
경제, 사회, 문화, 산업, 패권과 가족의 재정, 교육, 커리어, 건강, 대
외변수 등의 변수를 통찰해야 한다.

이런 다양한 변수를 전부 다루려면 몇천 페이지로도 부족할 것이
다. 그래서 이 책에서는 미래에 가장 큰 영향력을 미칠 수 있는 산
업, 사회, 개인과 관련된 측면 위주로 생각해보려 한다. 특별히 산업
을 다루는 이유는 산업의 향방에 따라 산업에 종사하는 개인의 미래
변동성이 나타나기 때문이다. 2020년 이후 기술변화의 특이점singu-
larity이 오면 사회와 개인의 미래에 엄청난 변화가 시작될 것이다. 이
런 점에서 우리는 면밀하고 다양한 관점에서 산업과 산업 안에서 사

그림 3-1 미래방향

새로운 시장, 기회의 선점

원하는 미래
바람직한 미래, 소망스러운 미래
원하는 길
실제의 길
가능한 길
기본 미래
실현가능성이 높은 미래
가능한 미래
실현가능성이 있는 미래

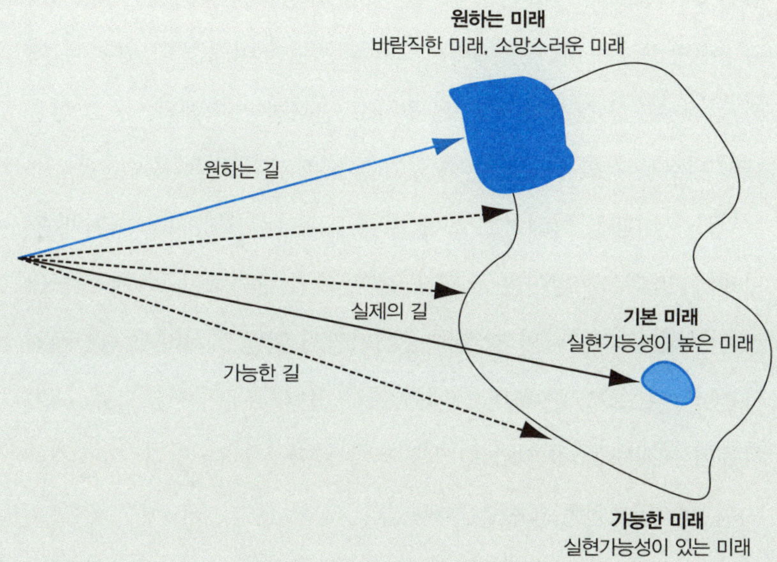

회의 변화, 가치관의 변화에 관심을 가져야 한다. 특히 특이점이 오는 미래에 기계와 대립하거나 협업할 수 있는 다양한 가능성에 대해 관찰해야 한다. 다양한 가능성에 대해 열린 마음으로 다가서야 한다.

우선 미래에 관한 합의된 큰 개념이 필요하다. 큰 그림부터 그려야 한다. 큰 그림이란 현재가 이동해가는 미래의 방향성이다. 미래 방향성이 중요한 이유는 멀리 볼 때 변동성을 최소화할 수 있어서다. 이 방향성이 향하는 미래는 100% 확실한 미래는 아니다. 네 가지 미래방향성 분류에 따르면 원하고 선호하는 미래다. 큰 그림을 보며 새로운 기회를 선점할 수 있는 통찰을 갖기 바란다.

원하는 미래를 이해하기 위해 미래에 커다란 영향력을 미치게 될 기계의 발전부터 짚어볼 필요가 있다. 가장 주목해야 할 기계는 단연 컴퓨터다. 컴퓨터의 발명은 증기기관의 발명 못지않게 혁명적인 사건이었다. 1937년 하버드 대학 교수 하워드 에이큰Howard Aiken이 컴퓨터를 발명한 지 채 100년도 되지 않아 시대는 달라졌다. 지난 70년간의 정보화는 혁신 그 자체였다.

지금 인류는 후기정보화사회에 있다. 이 시대의 가장 중요한 목표는 인간의 두뇌를 자동화 및 정보화하여 지능기반사회를 구축하는 것이다. 지능기반사회란 인공지능 컴퓨터나 인공지능 로봇 혹은 인간적 로봇을 통해 인간과 로봇을 결합하려는 시도를 의미한다. 초기 인공지능을 기반으로 한 기기들은 인간의 기능을 확장하는 형태로 발전할 것이다. 이른바 지능확장Intelligent Augmentation(IA)이라고 하는

데, 인간 지능을 증진하거나 신체를 확장하는 것이 목표다. 산업시대가 단순한 힘의 차원에서 인간의 근력을 자동화하거나 강화시킨 형태로 발전했다면, 후기정보화시대에는 이것을 더욱 획기적인 형태로 변형시킬 만한 로봇과 인공지능이 등장할 것이다. IA는 개인 능력을 극대화할 텐데, 이런 무기를 장착한 개인은 자동적으로 지식을 창출하고, 창출한 다양한 지식을 관리하거나 거래하면서 성장할 것이다. 시간이 흘러 좀 더 발전적 형태로 간다면 인공지능과 인간적 로봇으로 인간 근력의 완전한 자동화가 이루어지는 노동의 종말이 현실화될 수도 있다. 이렇게 된다면 인간은 정보화시대와는 완전히 다른 새롭고 다양한 시간과 공간과 의식을 경험하게 될 것이다. 노동의 개념, 형태, 인재의 조건도 완전히 바뀌게 되는 것이다. 물론 새로운 위험도 증가할 것이다. 사회적 전염병이라 할 수 있는 불안, 불신, 구 패러다임과 신 패러다임의 갈등과 충돌 같은 어려움이 나타날 수 있다.

미래의 인재상도 변화할 것이다. 후기정보화시대에는 감성터치를 넘어서 감성을 디자인하는 능력이 요구된다. 감성 디자인이란 인간의 감성을 개발하고 디자인하고 한 걸음 더 나아가 경영하는 능력을 말한다. 행복의 기준과 욕구가 달라지는 시대에 행복의 느낌을 새롭게 디자인하거나 향상시켜 전달하는 능력, 그리고 이를 지속가능하게 만드는 경영능력이다. 행복 디자인은 재미와 감동을 디자인하여 개인 맞춤형으로 감성을 파는 비즈니스로 발전할 가능성이 있다. 이런 시대에 인재란 기술지식을 바탕으로 감성을 디자인하고 경영하는 창의적 존재여야 한다. 뒤에서 더 자세히 다루겠지만 수렵사회와는 너무 다른 인재의 조건이지 않은가? 이런 시대를 살아가야 하는 인간을 '어떻게 훈련하고 양육할 것인가?'는 굉장히 중요한 고민거리 중 하나가 될 것이다.

IA의 과도기를 거쳐 인류는 조만간 인공지능사회를 지나 환상사회fantastic society로 진입하게 될 것이다. 그다음에는 영성사회spiritual society를 순차적으로 지나게 될 것이다. 환상사회에서는 인간의 감성이 자동화된다. 가치기반사회가 되어 모든 지식이 통합되고 각자의 경계가 완전히 허물어져 초월적이며 영적인 세계를 경험하는 시대다. 미래학자 최윤식 박사의 저작 《2030년 부의 미래지도》에서는 환상사회를 다음과 같이 표현한다.

환상사회 패러다임에서는 이처럼 물질적인 기본 욕구들 대부분이 쉽게 채워질 수 있는 기틀이 마련되기 때문에 개인은 '꿈과 가치를 갈망하는 시대'로 진입하게 된다.[1]

환상사회에는 맞춤형 미래를 파는 비즈니스와 공학을 바탕으로 미래를 사고파는 네트워크와 상품이 즐비할지도 모른다. 개인은 새

로운 공간에 참여하며 놀이를 즐기는 것을 당연하게 여길 것이다. 이런 시대의 인재는 미래를 예측하고 디자인하며 비전과 가치를 경영해줄 수 있는 사람이다.

중요한 사실은 우리가 이런 패러다임을 읽고, 패러다임의 변화에 따른 '인재의 기준을 세워가고 있는가?' 하는 본질적 질문이다. 환상사회가 언제 오고, 영성사회가 어떻게 올지는 불확실하지만, 지금 우리가 살고 있는 시대가 과거 산업사회의 패러다임으로 움직이지 않는다는 것은 확실하다.

패러다임이 변화하면 사회의 많은 부분들에 변화가 찾아온다. 인재상과 함께 정치, 경제, 문화, 환경, 법, 패권 등 다방면에서 변화가 일어날 것이다. 영적, 사회적, 윤리적, 심리적, 종교적 환경들도 거세게 변화할 것이다.

변화를 받아들여야 한다. 변화를 인정하고 빨리 받아들일수록 위기는 기회가 된다. 기회를 남들보다 빨리 얻을수록 선점효과를 누리게 될 것이다. 아무리 강조해도 지나치지 않는다. 변화와 맞서 싸우지 마라. 싸워도 변화를 이길 수 없다. 변화를 받아들이는 지혜가 있는 사람만이 변화를 주도하게 될 것이다.

미래의 노동
: 지식과 네트워크를 생산하라

미래의 인간은 어떤 일을 하며 살아갈까? 미래사회는 생활의 질적 수준이 지금보다 점점 높아질 것이다. 그에 따라 편안하고 여유로운 삶에 대한 욕구도 커지게 된다. 이런 현상은 '노동'의 개념을 변화시킨다. 즉 노동은 '생존'을 위해서가 아니라 '의미'를 위해서 존재할 것이다. 먹고살기 위해서가 아니라 삶의 '의미'와 '목적'을 찾기 위한 자유로운 탐색의 여정으로 노동을 활용할 것이다.

지금의 노동은 약속된 장소, 정해진 업무, 바뀌지 않는 환경에서 '생산'을 목적으로 수단화되는 경우가 대부분이다. 하지만 미래에는 개인이 추구하는 목적에 따라 자유롭게 스스로 원하는 시간, 원하는 장소, 원하는 조건, 원하는 사람을 위해 일할 수 있는 시대가 될 것이다. 지금은 생존을 위해 가면을 쓰고 비자발적 행동으로 정체성을 잃어버린 채 노동 공동체에 있지만, 미래에는 자기를 맘껏 표현하고 자신의 본모습대로 노동을 하게 될 것이다.

이런 상황에서 노동의 변화는 당연하다. 미래에도 지금과 같은 형태의 사무실, 공장, 마켓은 존재할 것이다. 그러나 미래에는 공장에서 상품을 만들고 시장에서 판매하는 것보다는 무형의 지식과 사람과 사람, 사람과 사물, 사물과 사물을 연결하는 네트워크를 기획·판매·유통하는 형태의 노동이 더 두각을 나타내는 비즈니스가 될 것이다. 여전히 인간이 이득을 얻을 수 있는 다양한 상품에 대한 기획·제작·유통이 이루어질 것이다. 하지만 미래 소비자들은 그 차원을 넘어서, 상품으로 얻을 수 있는 새로운 지식과 새로운 네트워크에 열광하고 그것을 소비하려 할 것이다. 이런 측면에서 노동의 형태와 형식은 현재와 비슷한 방식으로 유통되고 소비되겠지만 진정한 가치, 소비자의 욕구는 지식과 네트워크가 된다. 단순하고 파편적인 지식과 기존에 형성돼 있는 네트워크는 의미가 없다. 미래에 상품의 의미는 새로운 지식과 네트워크를 경험하게 하는 매개체일 뿐이다.

그렇다면 이런 사회와 노동의 변화 속에서 우리는 어떤 인재가 되어야 하는 것일까? 간단하다. 크게 두 가지 능력이 필요하다. 첫째는 지식을 생산하는 능력이고, 두 번째는 네트워크를 생산하는 능력이다. 이를 통해 새로운 정보들을 수집하고 분류해서 새로운 지식을 쌓고, 지속적으로 유의미하고 가치 있는 지식으로 재생산하는 노동을 해야 하며, 사람과 사람, 사람과 사물, 사물과 사물을 연결해 가

치 있는 지식을 유통할 수 있는 네트워크를 생산해내는 노동을 해야
한다.

왜 지식과 네트워크를 생산하는 능력이 중요한 것일까? 이유는
분명하다. 지금도 넘쳐나는 지식에 놀라울 정도인데 미래에는 더 폭
발적으로 지식이 증가할 것이다. 그리고 지식이 증가하는 만큼 모든
재화와 서비스는, 제아무리 혁신적인 상품과 아이디어라도 단명할
수 있다. 오래가지 못한다. 지금도 그렇지 않은가. 새로운 노래가 등
장해도 오랫동안 차트에 머물지 않는다. 베스트셀러 도서도 몇 개월
안에 사라지고 만다. 인기상품과 비슷한 상품도 쏟아져 나오지만 그
것을 뛰어넘는 더 새로운 상품이 뒤따라온다. 반짝이는 아이디어 하
나로 지속가능한 미래를 장담할 수 없다. 그래서 한 번의 반짝임 정
도가 아닌 '계속해서 지식을 생산해내는 능력'이 굉장히 중요하다.
요즘 들어 사람들이 '창의력'을 강조하는 이유다.

미래의 지식

: 통찰력을 훈련하라

미래 성패에 중요한 승부수는 사물이나 현상에 대한 감각, 판단, 통찰력을 길러 가치 있는 지식을 생산해내는 능력에 있다. 미래는 앞선 사람을 따라가는 시대가 아니기 때문에 통찰력의 중요성은 아무리 강조해도 지나치지 않다. 통찰력을 이야기할 때 절대 빠지지 않는 인물이 애플Apple의 전 CEO 스티브 잡스다. 잡스의 생애는 책으로 영화로 제작되었을 만큼 많은 사람들의 관심이 쏠렸다. 그의 삶은 굴곡이 많았다.

스티브 잡스는 태어나자마자 버려져 양부모에게 입양되었고, 낙제생으로 마약과 히피 문화에 빠져 학창시절을 보냈으며, 대학을 중퇴한 후 인도와 히말라야 등지를 여행하며 방황했다. 그러다가 21세였던 1976년 스티브 워즈니악Steve Wozniak, 로널드 웨인Ronald Wayne

과 함께 애플을 공동 창업한 이후 매킨토시 컴퓨터, 음악산업을 뒤흔든 아이팟과 아이튠즈, 스마트폰의 대명사 아이폰, 포스트PC 시대를 연 아이패드 등 시장을 재편한 제품들을 연이어 출시함으로써 '혁신'의 아이콘으로 알려지게 된다.

2011년 잡스가 췌장암으로 세상을 떠났을 때, 많은 사람들이 애도를 보내며 그가 2005년 스탠퍼드 대학교 졸업식에서 남긴 연설을 떠올렸다.

죽음은 새로움을 만들어냅니다. 죽음은 낡은 것을 대신할 새로운 것에게 길을 열어줍니다. 하지만 그 새로움은 금세 낡음이 되죠. 즉, 우리에게 주어진 시간은 한정되어 있습니다. 그러니 다른 사람의 인생을 살기 위해 자신의 소중한 시간을 낭비하지 마십시오. 당신의 마음에서 나오는 소리를 듣고 용기를 내서 직관에 따라 행동하십시오. 그것들은 당신이 진실로 하고 싶어하는 것을 알고 있습니다.

그런데 많은 이들에게 감명을 준 이 연설에는 그가 어떻게 남과 다른 독창적인 통찰력을 발휘할 수 있었는지에 대한 단서가 들어 있다. 바로 호기심과 직관이다. 마음에서 나오는 소리를 듣고 용기 내어 직관을 따르라.

분명 잡스는 방을 한가득 차지한 거대한 공룡 같은 컴퓨터를 보며 직감했을 것이다. '컴퓨터가 세상을 바꿔놓을 것이다.' 그리고 컴퓨터를 좀 더 아름답고 조용하며 작게 만들어 직관적으로 사용할 수 있는 장치로 어필해야 한다는 것을 직감하고 이를 사명으로 여겼음에 틀림없다. 비슷한 맥락에서 GE의 혁신을 이끈 CEO 잭 웰치 Jack Welch도 "자신의 직관을 스스로 읽을 수 있는 사람은 깨달음을 얻게 된다"고 말했다.

미래에는 이런 통찰력이 더없이 중요해질 것이다. 지금보다 훨씬 시간과 공간이 압축된 세상이 될 것이기 때문이다. 시공간이 압축된다는 것은 눈앞에 펼쳐질 세상이 내가 생각하는 것보다 더 빠르게 움직인다는 뜻이다. 시공간의 압축은 더 많은 정보, 더 빠른 변화, 더 넓은 세계의 경험을 말한다. 그만큼 선택의 어려움이 증폭된다.

실례로 필자가 강의를 할 때마다 사용하는 세제 이야기를 해보자. 만약 어떤 사람이 지인으로부터 세제 심부름을 부탁받았다고 하자. 20년 전과 지금 변한 것과 변하지 않은 것이 무엇일까? 변하지 않은 것은 여전히 우리는 세제를 활용해서 세탁물을 세탁한다는 사실과 마트에 가면 세제를 구입할 수 있다는 사실이다. 변한 것은 무엇일까? 과거 20년 전에는 선택의 폭이 좁았다. 단순하게 몇 가지 브랜드 중 선호하는 브랜드를 쉽게 선택할 수 있었다. 지금은 지인이 원하는 브랜드를 선택해주지 않았거나 브랜드에 대한 사전 정보가 없다면, 마트의 세제 진열대 앞에서 정신적 충격을 받을 수도 있다. 선택하기 버거울 정도로 수많은 세제들에 압도당한다. 그만큼 다양성이 보장된 측면도 있지만 선택의 어려움이 가중된 것이다. 단순히 세제를 예로 들었지만 우리는 인생 전반에서 선택의 압박을 경험하고 있다. 차라리 선택을 하지 않는 것이 현명한 선택일지도 모른다는 생각이 들 정도다. 어떻게 하란 말인가? 지금도 직관이 중요하지만 미래에는 직관이 더 큰 비중을 차지하게 될 것이다.

통찰의 사전적 의미는 '예리한 관찰력으로 사물을 꿰뚫어보는 일' 혹은 '자기를 둘러싼 내적·외적 전체 구조를 새로운 시점에서 파악하는 일'이다. 즉 뛰어난 통찰력은 자신의 내부와 외부에서 벌어지는 상황을 새로운 관점에서 종합적으로 관찰하여 사건의 본질을 꿰뚫어보는 능력이다. 통찰력을 기르려면 내 앞에서 벌어지는 일들을 관성적인 생각과 습관적인 태도로 대하지 않아야 한다. 새로운 관점과 새로운 사고기술을 사용하려는 노력을 해야 한다. 그러면 중요한 주제나 사건들이 전혀 연관 없어 보이던 다른 주제나 사건 혹은 사물과 연관되어 나타나는 '신선하고 통찰적인 맥락'이 드러나게 된다. 《마인드세트*Mind Set*》의 저자인 세계적인 미래학자 존 나이스비트John Naisbitt도 "사건들의 연결고리를 찾는 일은 계산적이기보다는 훨씬 직관적이다"라고 말했다.

현재는 불확실성이 크게 증가하는 시기다. 엄청난 위기와 기회가 중첩되어 나타나고 있는 시기다. 이런 시기에는 통찰력이 기업이나 국가, 개인의 미래의 사활을 결정한다. 그 어느 때보다 다양한 관점에서 사건을 보고, 지속적으로 사고훈련을 하면서 좌로나 우로 치우치지 않고 시대를 꿰뚫어보려는 노력을 해야 한다. 이를 위한 세 가지 방법이 있는데, 필자의 저서 《2030 미래의 대이동》의 한 부분을 발췌해 설명하겠다.

첫째, 정보를 업데이트updating해야 한다. 끊임없이 '학습'을 통해 새로운 정보나 경험을 의식과 무의식에 저장해야 한다. 실수도 아주 중요한 훈련이다. "실패는 성공의 어머니다"라는 말은 틀림없는 진리다. 뇌의 신경학적인 메커니즘 때문에 그렇다. 인간의 뇌는 아주 짧은 시간 안에 실수를 발견하고, 그 실수를 바로잡으면서 기억의 오류를 수정하여 업데이트하는 신경 그물망 조직을 가지고 있다.

둘째, 정보 필터링filtering을 해야 한다. 새로운 정보를 입력하는 것이 중요하지만, 정보를 무작정 저장하는 것은 비효율적이다. 정보가 폭발적으로 증가하면서 무용 지식이 늘어나는 요즘 같은 시절에는 더욱더 그렇다. 정보를 많이 축적하기보다는 '직관을 흐리게 하는 정보나 경험의 장애물'을 제거하거나 걸러서 저장해야 한다. 왜곡된 정보를 무분별하게 흡수해 기억화해놓으면 잘못된 직관적 통찰력을 발휘할 수밖에 없다.

셋째, 시뮬레이션simulating을 통해 학습해야 한다. 우리 뇌의 시스템상 기억을 저장할 때는 가능하면 경험적인 지식의 형태로 저장하는 것이 유리하다. 영어 단어를 무작정 외우는 것보다 외운 단어를 가지고 다른 사람들 앞에서 발표하거나 가르치는 '경험'을 덧붙이면 뇌가 강력하게 기억하게 된다. 시뮬레이션 기억도 마찬가지다. 비행기 조종사들은 실제로 비행기를 조종하기 전에 수많은 시간을 시뮬레이션 기계 안에서 보낸다.

실전에서는 경험이 많은 조종사 옆자리에 앉아서 수많은 실전 경험을 축적한다. 이러한 시뮬레이션을 통한 훈련은 짧은 시간 내에 직관을 강력하게 훈련함으로써 실전에서 빠르게 올바른 통찰력을 발휘할 수 있도록 하는 데 효과가 크다.[2]

이런 과정을 통해 통찰은 훈련될 수 있다. 좀 더 구체적인 방법을 원한다면 워크숍을 통해 훈련할 수 있기를 바란다.

---

2 최윤식·최현식, 《2030 미래의 대이동》(김영사, 2016), 310~311쪽.

미래의 기술
: 제조업 4.0시대의 신 제조업 혁명

18세기 산업혁명은 제조업 1.0으로 규정한다. 제조업 1.0시대는 사람 중심의 가내 수공업, 경공업 제조업 시대였다. 20세기에 시작된 정보혁명은 기계 중심 제조업 2.0시대를 열었다. 20세기 말부터 현재 진행중인 스마트 산업혁신은 제조업 3.0시대를 이끌고 있다. 정보 중심으로 재편된 제조업은 시스템과 융합으로 고도화가 진행되고 있다. 미래는 스마트 혁신을 넘어선 새로운 제조업 4.0시대가 될 것이다. 이른바 분자혁명의 시대다. 분자혁명은 물질을 나누고 붙이고 섞는 단순 가공·혼합 수준을 뛰어넘어, 분자 차원에서 완전히 새로운 기술과 형태로 재구조화하는 시대다. 제조업 4.0시대가 되면 분자혁명과 함께 모든 것이 재구조화될 것이다.

단순한 기술변화를 나열하고 싶지는 않다. 기술이 어느 수준까지

왔는지는 이제 별 의미가 없어졌기 때문이다. 이 글을 쓰는 순간에도 기술은 계속 발전하고 있다. 이 책이 출간될 때는 더 급진적으로 변화되었을 가능성이 높다. 그래서 기술의 정도나 수준을 설명하는 방식은 의미가 없다. 유튜브 영상을 조회하거나 뉴스를 시청하는 편이 더 좋은 방법이 될 수도 있다. 필자는 기술의 속도나 변화가 아닌, 기술에 옷을 입혔을 때 만들어질 다양한 가능성에 주목하려 한다.

미래기술은 단독으로 변화를 일으키지 않는다. 다각도로 서로 영향을 끼치며 세상을 변화시킬 것이다. 기술은 융합의 고리와 발전의 고리 안에서 기회를 만들어내고, 기회는 우리에게 자본의 확장을 허락할 것이다. 어떤 이들은 이 거대한 축에서 새로운 직업을 얻게 될지도 모른다. 중요한 점은 우리의 미래를 직간접적으로 변화시킬 혁명이 진행되고 있다는 사실이다.

우리가 가장 주목해야 할 미래는 제조업 혁명이다. 일각에서는 미래에 제조업이 종말할 것이라는 예측을 내놓기도 한다. 정말일까? 제조업 종말의 논리는 간단한데, '3D프린터가 일상화된다면'이라는 가정을 전제로 한다. 3D프린터란 3차원 도면 데이터를 이용해 입체적인 물품을 출력해내는 장치다. 예컨대 2016년 국내에서 개최된 '인사이드 3D프린팅 컨퍼런스' 강연에서 타일러 벤스터Tyler Benster는 항공기 부품 실린더의 경우 전통적 방식으로는 제조에 열 달이 걸리지만, 금속용 3D프린터를 이용하면 이틀 만에 만들어낼 수 있고 후가공까지 포함해 한 달이면 생산할 수 있다고 말했다. 금속용

3D프린터가 사용되면, 인건비 하락과 공정기간 단축으로 비용이 절감되기 때문에 전통적인 제조업은 몰락할 것이라는 예측이다. 틀린 말은 아니다. 3D프린터는 다양한 소재와 방식으로 제조업을 위협할 것이다.

그럼 질문을 조금만 바꿔보자. 모든 제조업이 끝날 것인가? 이 질문에 대한 답변은 달라질 수 있다. 오히려 제조업 4.0시대에 제조업은 제2의 전성기를 맞을 가능성이 있다. 제조업을 변화시킬 세 개의 커다란 힘에 주목해야 한다.

첫째, 인구 구성 변화다. G20이라고 불리는 전 세계 선진국들은 이미 고령화에 진입했다. 경제적 변수와 초고령화의 힘이 동시적으로 작동하며 종신고용 붕괴라는 새로운 시대에 진입하게 되었다. 100~120세 시대를 맞이한 개인들은 새로운 도전을 해야 하지만, 대부분 자본 부족으로 어려움을 겪는다. 은퇴를 준비했다고 하지만 우리의 경우 자산의 80%가 부동산인 현실에서 당장 사용할 현금 흐름이 부족하다. 연령으로 보면 50~55세 은퇴 비율이 높은 편인데, 이 시기는 목돈이 많이 필요한 시기이기도 하다. 자녀들의 대학, 대학원 진학, 유학, 결혼 문제가 동시에 발생할 수 있다. 그리고 부모를 부양하는 책임을 감당해야 하는 시기이기도 하다. 이런 현실에서 은퇴 후 50년을 더 생존해야 하는 개인들은 아이디어만 있으면 적은 자본으로도 상품을 만들어낼 수 있는 제조분야에 과감한 도전장을 내밀게 될 것이다.

두 번째, 기술의 발전속도다. 인공지능, 로봇, 드론, 3D프린터, 바이오, 나노, 우주항공, 양자컴퓨터, 모바일, IoT, 웨어러블 등 세상을 전반적으로 변화시킬 기술들이 급진적 속도로 발전하고 있다. 지금 당장은 상용화하기에 부족해 보이는 것이 사실이지만, 앞으로 5~10년만 지나면 달라질 것이다. 마치 닷컴 붐을 지나 공장 없이도 운영되는 회사들이 나타나 주식시장에 상장되고 부의 흐름을 만들어낸 것과 같은 이치다. 네이버, 다음카카오 같은 기업을 보라. 그들은 제조업체가 아니다. 그 흔한 공장 하나 없지만 고용을 만들고 변화를 이끌었다. 인공지능의 경우, 컴퓨터가 사람의 뇌처럼 사물을 추상화해 스스로 보고 배운 지식을 계속 쌓아가게 하는 딥러닝Deep Learning 기술을 사용하게 되면서 급격하게 발전했다. 앞으로 10~20년 안에 약한 인공지능이 정착되고 생활 전반에 사용될 것이다. 이미 우리는 알파고가 가진 인공신경망의 위력을 봤다. 우리가 살고 있는 시대는 기술적인 측면에서 어느 순간 기하급수적으로 발전하고 증가하고 변화되는 시점이다.

세 번째, 경제적 특이점이다. 자본주의 체제는 경제적으로 많은 굴곡을 지나왔는데, 특히 2008년 글로벌 금융위기로 경제와 금융 시스템의 약점이 노출되었다. 그 후 지금까지도 선진국 경제 및 금융 주체들은 어려움을 겪고 있다. 이런 난관을 극복하기 위해 새로운 대안과 돌파구를 찾으려는 움직임이 있는 반면, 이 틈새를 공격하는 세력도 있다. 이들 사이의 경제전쟁이 진행되고 있다. 누가 승자가 될 수 있을지 지금은 명확하지 않지만, 변화의 조짐이 보이는 것이 사실이다.

이 세 가지 요소가 만들어내는 변동성은 제조업 4.0 시대 미래 제조업을 변화시킬 것이고, 자본가에서 개인으로 권력이 이동될 것이다. 즉 제조방식 또한 독점에서 벗어나 공유와 협력이 확대되는 공개 제조making in public 방식으로 전환되어 제조업 민주화가 이루어질 것이다. 그에 따라 자본은 이동하고, 합리적 소비는 증가하게 된다.

변화를 감지한 미국과 중국은 지금 이미 도전을 시도하고 있다. 버락 오바마Barack Obama 미국 대통령은 2014년 '메이커 페어'를 열었다. 미국은 제조업의 부활을 꿈꾸고 있다. 실제로 미국에서는 1인 제조업의 성과도 나타나고 있다. 신용카드 모바일 결제 시스템인 스퀘어Square, 세계 최초의 스마트워치 페블Pebble이 성과물이다. 제조업 창업을 꿈꾸는 개인들을 위한 장비 대여업체 테크숍techshop도 등장했다. 월 99달러의 회비만 내면 테크숍의 3D프린터, CNC 조각기, 레이저커터 등 디지털 장비를 누구나 마음껏 사용할 수 있다. 미국 전역에 8개 지점이 있고, 해외에 4개 지점이 있다.[3] 이제 아이디어의 세상이 시작된 것이다.

미래 사람들에게 가장 큰 장벽은 첫째 아이디어, 둘째가 게으름이 될 것이다. 기술발전으로 작업 절차가 간소화되면 일단 개인은 시간

---

3 "미 실리콘밸리 '테크숍' 한국 온다," 〈매일경제〉, 2015년 10월 13일자.

여유를 누릴 수 있고, 시간에 쫓기지 않으면 남는 시간에 자신의 생각을 업그레이드할 수 있다. 변화된 시간을 끊임없는 혁신에 투자하고 바지런함으로 무장해야 한다. 의미와 가치 있는 삶에 관한 생각도 굉장히 중요한 부분이 된다. 생각이 멈춘다면 가장 큰 위기를 맞게 될 것이다. 생각이 힘이고 능력이고 자신을 지킬 최선의 방어수단이 될 것이다. 아이디어와 노력을 결합한 모든 사람은 새로운 혁신적 제조업자, 창업인이 될 수 있다. 이제는 각자의 제조 DNA를 꺼내야 할 때다.

제조업혁명은 여러 방면으로 진행될 것이다. 공장의 모습, 구조, 작동도 변화할 것이다. 제품은 수와 혁신, 서비스의 질과 다양성 면에서 무어의 법칙과 롱테일의 법칙을 따르게 될 것이다. 제품이 기하급수적으로 다양해지고 보다 빠른 속도로 질적인 측면에서 개선되며 혁신될 것이다. 또한 스마트한 소비자-생산자가 등장할 것이다. 그들은 주저 없이 인공지능과 로봇을 활용해 새로운 물질을 만들고 새로운 제품을 생산하는 방향으로 발전할 것이다. 소비자와 생산자의 경계가 파괴되고, 소비자가 일방적 소비를 벗어나 새로운 생산자가 되는 시대가 열릴 것이다. 지금이 이런 혁명의 시작점이다.

제조업은 사라지지 않는다. 절대로 사양산업으로 분류될 수 없다. 변신하고 이동할 뿐이다. 거대 공장에서 마이크로 소형 공장으로 변화하고, 자본가들에서 개인에게로 권력이 이동하고 있다. 이러한 혁명과 개선, 그리고 작업의 민주화가 진행되면 제조업은 제2의 부흥기를 맞이할 것이다. 제조업혁명은 제조업의 룰을 새롭게 정의하며 세상에 활력을 불어넣을 것이다. 제조업은 시간과 공간을 뛰어넘고 가상과 현실의 경계를 무너뜨리며, 언어와 소통의 한계를 뛰어넘어 새로운 형태로 거듭 발전할 것이다. 새로운 기회의 주인이 되기 위해 새로운 방식의 언어, 형태, 규칙, 기회, 방식을 받아들여야 한다. 지금 당신은 제조업의 게임체인저가 되어야 한다. 제조업 제2의 부흥기를 내다보고 준비한다면 21세기의 새로운 기회는 당신의 것이 될 것이다.

▶4 기술의 혁명, 혁명의 기술

3D프린터, 인공지능, 미래자동차, 미래도시는 미래 제조업 4.0 시대 변화의 핵심이 될 기술적 요소이다. 산업과 일자리와 직결될 수 있는 이 네 가지 기술이 인간에게 커다란 도전과 기회가 될 만한 요소라는 점은 분명하다.

3D프린터
: Thinker is Maker

혁명은 시작되고 있다. 변화를 꿰뚫어보고 새로운 제조업에 진입하는 개인들이 생겨나고 있다. 아이디어가 현실이 되어 순식간에 제품과 서비스로 등장한다. 이 과정이 과거에 비해 훨씬 수월해졌다. 개인은 독특한 아이디어를 네트워크에 뿌린다. 아이디어를 접한 사람들은 인터넷을 통해 자금을 펀딩한다. 아이디어는 또 다른 네트워크로 파고들어 글로벌 시장의 수십억 소비자들에게 전달된다. 개인의 아이디어에서 출발한 제품과 서비스가 전 지구인들에게 판매되는 시대다. 시작부터 글로벌이 가능해진 것이다.

놀라운 일이 하나 더 있다. 공유된 아이디어는 살아 있는 생물처럼 발전을 거듭한다. 인터넷을 통해 네트워크로 옮겨진 개인의 아이디어는 사람들의 도움을 받아 수정, 보완, 발전한다. 어떤 경우에는 처음과는 완전히 다른 새로운 모습으로 재탄생한다. 이른바 공개 제조라는 방식 덕분이다.

미래의 제조업 환경에서 개인의 힘은 과거 자본의 힘과 다르게 작동할 것이다. 과거 제조업 강자들은 태생적으로 점유한 정보, 지식, 자본, 인재, 기술, 설비, 유통, 마케팅을 독점적으로 활용해 성공했다. 하지만 미래 제조업 4.0 시대의 개인은 연결, 공유, 아이디어, 개인과 개인, 개인과 네트워크, 개인과 사물이 만들어내는 신선하고 새로운 조합과 파생, 활용을 무기로 자본가들만의 영역을 넘어 새로운 도전자로 자리매김하게 될 것이다. 개인에게는 파격적인 기회의 세상이 열리게 되는 것이다. 이미 사용자들이 만드는 온라인 백과사전 위키피디아Wikipedia, 3D프린터 기계 구조를 공개함으로써 개인용 3D프린터의 대중화에 기여해온 렙랩RepRap 프로젝트, 마이크로컨트롤러를 내장한 기기 제어용 하드웨어 아두이노Arduino, 3D로보틱스3DRobotics가 오픈소스의 가능성을 보여줬다.

제주도에 전기차 공장 설립을 추진하겠다는 발표로 유명세를 탄 미국 로컬모터스Local Moters는 세계 최초의 오픈소스 자동차회사다. 로컬모터스에는 수백 명의 직원과 대량 생산시설이 없다. 40명의 직원과 초소형 공장이 전부다. 소비자와 전문가가 오픈소스 공간에서 협업해 설계하고 생산하는 방식이다. 이런 방식으로 2014년 세계 최초의 3D프린팅 자동차 '랠리파이터'를 만들었고, 2015년 전기자동차 '스트래티'를 만들더니, 2016년 6월에는 IBM 인공지능 왓슨을 탑재한 자율주행 12인승 버스 '올리'까지 발표했다. 기본 골격은 3D 프린터로 탄소섬유 강화 플라스틱 소재를 사용해 제작한다. 부품은 GM, 르노, BMW 등 기존 자동차업체의 것을 가져다 조립한다. 직원 1명이 44시간 만에 전기자동차 1대를 만들 수 있다.[4]

로컬모터스가 택한 공개 제조 방식에는 여러 장점이 있다. 가상공간의 사람들이 로컬모터스의 아이디어를 개선하고 보완한다. 사전주문제작으로 운영되는 회사에는 재고가 없다. 웹으로 주문하고 웹으로 기술과 디자인을 개선하므로 자연스럽게 투자비용은 절감된다. 기존 자동차회사 투자비용의 100분의 1이면 된다. 지금보다 성능이 뛰어난 3D프린터가 등장한다면 투자비용은 더 줄어들 수 있다. 지금의 카센터가 미래에는 자동차 하나를 만들어낼 수 있는 마이크로 공장으로 변신도 가능하다.

3D프린터는 미래 제조업혁명의 선두에 설 기술이다. 현재 3D프린터는 하루가 다르게 변신하고 있다. 음식부터 장기까지 그 영역이 대단하다. 3D프린터에서 주목할 것은 생산방식의 변화다. 기존 방식이 깎고 자르고 붙이고 조립하는 여러 공정을 거쳐야 했다면 3D프린터는 이런 모든 과정을 생략하고 한 번에 출력해낸다. 소재도 다양해지고 있다. 액체에서부터 고체, 비금속에서 금속, 전도체에서 비전도체, 플라스틱에서 세포셀로 다양화되고 있고 이들 간의 결합

4　"'DIY 장인' 메이커, 제조업의 미래를 바꾼다." 〈한국일보〉, 2016년 8월 10일자.

도 가능해지고 있다.

예를 들어 카본Carbon사의 3D프린터는 CLIP(Continuous Liquid Interface Production) 기술을 사용한다. 현재 3D프린팅에서 쓰이고 있는 구조적층 방식은 소재를 0.2~0.3밀리미터씩 쌓는 방식인데, CLIP 기술은 액체에서 바로 입체형상을 뽑아내는 방식이다. 산소와 빛으로 수지를 굳게 하거나 액체 상태를 유지하게 함으로써 단시간에 제품을 완성하는 원리다. 장점은 섬세함과 25~100배 빠른 속도다. 카본 3D프린터의 CEO 조지프 드시몬Joseph DeSimone에 따르면 〈터미네이터 2〉에서 로봇 T-1000이 등장하는 모습을 보고 영감을 얻었다고 한다.

스톤스프레이stone spary라는 3D프린터도 있다. 스톤스프레이는 모래를 재료로 사용한다. 모래에 접착제를 섞어 분사하는 방식으로 정교한 형태를 만들어낸다. 영국의 산업 디자이너 마커스 카이저Markus Kayser는 한 단계 진보한 획기적인 실험에 도전하고 있다. 스톤스프레이처럼 모래를 재료로 사용하고 태양열에너지를 에너지원으로 사용하는 3D프린터다. 이 프린터는 태양 빛을 모아 섭씨 1,500도까지 온도를 높인 다음 모래를 녹인다. 녹인 모래를 유리처럼 식히고 또다시 반복적인 작업을 통해 계속 층을 만들어 쌓는다. 이 방식을 태양광 소결solar sintering 프린팅이라고 한다. 이 기술을 발전시키면 산간오지, 섬, 우주, 달, 화성 등에서 모래와 태양만으로도 건물을 짓고 제품을 만들 수 있게 된다. 그러면 도시와 시골의 장벽이 무너지고 도시의 개념이 완전히 달라질 것이다.

3D프린터는 가까운 미래에는 물건을 찍어내고 먼 미래에는 생물까지 찍어낼 것이다. 좀 더 먼 미래에는 스스로 생각하고 작동하는 사물까지 한 번에 출력해낼지도 모른다. 지금은 속도의 장벽이 있지만 이 문제가 해결되고 복합 소재의 다양화를 통한 물리적 장벽을 넘게 된다면 디지털 팩스를 이용한 순간이동도 가능할 수 있다. 그래서 3D프린팅은 혁명이다.

3D프린팅은 모든 제조업의 의사결정, 생산, 절차, 과정, 구매, 소비, 물류 등의 방식을 새롭게 할 것이다. 이 모든 것이 한순간에 사라지거나 간소화되어 혁신적 비용절감을 가능하게 할 것이다. 파괴적인 일이다. '유토피아인가, 디스토피아인가?'에 대한 논의가 필요하겠지만 혁명을 거스를 수는 없다. 지혜가 있다면 준비해야 한다.

지금으로부터 5년쯤 지나고 나면 약한 인공지능이 자리를 잡을 것이다. 그러면 어느 순간 인공지능이 3D프린터와 결합될 것이다. 굳이 오픈소스가 아니더라도 로직을 활용해 수천 가지의 제품 설계도를 얻게 될 것이다. 바야흐로 생각하는 3D프린터다. 이런 날이 오면 개인의 안목이 중요하게 작동할 것이다. 미래의 개인은 1인 비즈니스나 소규모 제조업체 혹은 서비스회사를 창업할 수 있다. 공대를 나와도 인문대를 나와도 종착지가 치킨집이라는 오늘날의 우스갯소리는 어느 순간 사라질 것이다.

강조점은 먼 미래가 아니라는 데 있다. 우리가 살아 있는 동안 경험하게 될 가능성이 높다. 가까운 2030년의 미래를 생각해보자. 아이디어가 있다. 아이디어를 공개하면 오픈소스를 통해 발전시킬 수 있다. 크라우드 펀딩은 자금과 마케팅을 한꺼번에 해결해준다. 그리고 3D프린터가 오픈소스, 크라우드 펀딩과 결합되었다. 이제 대부분의 개인 제조업자들은 정확히 말하면 지식노동자다. 제조업은 제품을 만들어 소비자에게 판매를 하는 형태의 업종이지만, 대부분 3D프린팅을 이용해 아이디어로 승부를 보고 있다.

아이디어가 없으면 어떻게 될까? 아무것도 할 수 없는 것인가? 그건 아니다. 아이디어가 없어도 3D프린팅은 새로운 도전을 가능하게 할 수 있다. 3D프린팅이 기술이 된다. 이 기술을 가진 사람은 일종의 하청업자가 되는 것이다. 어떤 프로젝트가 등장하면 가상공간에서 공유되고, 필요한 종류와 수량만큼 흩어져 있는 개인이 자신의 3D프린터를 이용해 납품할 수 있게 된다. 3D프린팅 기술이 발전하겠지만 그렇다고 3D프린터가 전지전능할 수는 없기 때문이다. 생산을 총괄하는 책임자는 수천의 개인과 기업에게 자동으로 부속이나 모듈을 할당한다. 각자의 3D프린터 역량에 따라 할당된 금속, 플라스틱, 전도, 비전도 등의 부품을 출력해서 당일 납품하게 된다. 생산 총괄자는 당일 물품을 배송받아 완제품을 생산하면 된다. 부품의 가짓수가 너무 많다고 해도 어떻게 조립해야 할지 걱정할 필요는 없다. 인공지능이 알아서 분류하고 불량을 체크해 로봇에게 지시할 것이다. "1번 모듈은 어디에, 2번 모듈은 어디에…… 3번은 불량품이니 다시 주문할 것." 누군가에게는 3D프린팅 자체가 경쟁력이 될 수 있는 이유다. 이런 것이 너무 복잡해서 적성에 맞지 않는다고 걱정할 필요도 없다. 3D프린터를 이용해 푸드 트럭에서 음식을 만들어 낼 수도 있으니까.

인공지능

: 스스로 학습하는 기계가 온다

3D프린터 못지않게 중요한 기술이 인공지능이다. 이미 우리는 여러 차례 충격을 받은 바 있으며, 지금도 인공지능의 순기능과 역기능에 대해 격론을 벌이고 있는 중이다. 한편에서는 유토피아를, 다른 편에서는 디스토피아를 이야기한다. 인공지능이 유토피아를 만들지 디스토피아를 만들지는 더 깊은 논의와 성찰이 필요하겠지만, 이보다 중요한 사실은 인공지능이 생각하고 발전하고 확장하는 단계로 나아가고 있다는 점이다. 인간의 고유한 영역으로 여겨져왔던 것이 기계의 영역으로 대체되어가고 있다. 그래서 인공지능은 미래를 살아갈 사람들에게 가장 큰 변수가 될 전망이다. 인공지능은 우리의 모든 생활을 바꿔놓을 가능성이 높다. 그렇다면 인공지능은 과연 무엇이며, 그로 인해 어떤 일들이 펼쳐질까?

먼저 인공지능이 무엇인지부터 살펴보자. 인공지능은 일종의 컴퓨터다. 컴퓨터는 '계산하다'를 뜻하는 라틴어 computare에서 유래했다. 과거부터 지금까지 컴퓨터는 2진법을 이용해 모든 것을 계산한다. 인공지능이 장착된 로봇들이 계단을 오르고, 점프를 하고, 컵에 물을 따르는 등의 모든 행위는 계산 과정을 거친다. 인간의 행동과는 다르다.

1939년 'ABC'라는 최초의 전자식 계산기가 탄생했다. 무려 280개의 진공관과 1.6킬로미터의 케이블이 사용되었다. ABC는 2진법을 사용해 계산을 했다. 13년 뒤, 1946년 '에니악Electronic Numerical Integrator And Computer(ENIAC)'이 등장한다. 에니악은 진공관이 1만 2,000개, 150킬로와트 정도의 전력을 사용했다. IBM의 신경칩이 1.5와트를 사용하는 것에 비하면 어마어마한 전력을 사용했던 셈이다. 에니악은 미사일 탄도, 원자폭탄 설계, 날씨 예측 등에 필요한 계산을 위해 발명되었다. 그러다 1950년 최초로 상용화된 컴퓨터 '유니박UNIVersal Automatic Computer(UNIVAC)'이 개발되고, 1976년 애플이 설립되면서 '애플 2'가 대중화를 이끌었다. 1981년 IBM이 컴퓨터 기술을 공개한 이후에는 누구나 컴퓨터를 만들 수 있게 되었다.

컴퓨터는 계속해서 더 정확하고 빠르게 발전하고 있다. 이는 인간이 수행하기 어려운 작업을 대체하기 위해서다. 컴퓨터의 역할은 크게 두 가지로 나뉜다. 하나는 인간 두뇌의 연장이다. 단순히 콩나물 값 계산 수준이 아니라 인류 문명의 발전을 위해 고도의 계산이 필요한데, 이 작업을 컴퓨터가 대체할 수 있다. 다른 하나는 신체의 연장이다. 산업화를 거치면서, 단순하고 반복적이지만 정교하고 세밀한 동작을 요구하는 작업의 자동화가 필요해졌다. 정교하고 세밀한 작업의 자동화는 수치적인 정확한 계산을 필요로 하기 때문에 컴퓨터와 컴퓨터에서 작동하는 프로그램이 필요했다. 프로그램은 '미리 쓰인 것'을 뜻하는 라틴어 prográmma에서 유래했다. 컴퓨터는 특정한 문제를 풀기 위해 미리 짜놓은 알고리즘대로 계산하고 작동하고 수행한다. 알고리즘에 따라 결과치가 달라진다. 이것은 현재도 동일한데, 코딩의 수준에 따라 결과물이 달라진다.

프로그래밍은 문제가 주어질 때마다 그 문제를 해결할 수 있도록 프로그램을 짜는 것이다. 아무리 복잡한 문제도 프로그래밍을 통해 해결된다. 그러다 인류는 놀라운 발견을 하게 된다. '이것이 인간의 문제를 대체할 수 있겠다!' 인간이 몸으로 하는 것, 두뇌로 하는 것을 프로그래밍할 수 있다면 기계가 인간처럼 일할 수도 있겠다는 아이디어였다. 인공지능에 대한 콘셉트를 발견한 것이다. 하지만 인간은 알아차렸다. 인간이 수행하는 무한한 모든 것을 프로그래밍하는 것은 '절대 불가능하다'는 사실을. 인간은 발전의 한계에 도달하게 된다. 그러나 포기하지 않고 어떻게 극복할 것인가를 생각하기 시작했다. 이것이 인간의 위대함이다. 컴퓨터가 대단한 것이 아니라 이런 발상의 전환과 도전을 멈추지 않는 인간이 위대한 것이다.

결론은 기계가 스스로 필요한 프로그램을 짜게 한다는 생각이었다. 문제가 생길 때마다 문제를 해결하기 위한 알고리즘을 인간이 만들지 않고 기계가 알아서 만들게 할 수 있으면 된다. 인간이 학습을 하듯 기계도 학습을 하도록 하는 구상을 하게 된 것이다. 일대 전환이 일어난 셈이었다.

이른바 기계학습Machine Learning을 위해 딥러닝 기술이 사용되고 있는데, 이는 컴퓨터가 사람의 뇌처럼 사물이나 데이터를 분류할 수 있도록 하는 기법이다. 그래서 인공지능의 발전을 위해 필요한 것이 인간의 뇌에 대한 이해다. 뇌의 신비를 풀면 인공지능은 더 빠르게 발전할 것이다.

딥러닝은 1957년 시작됐다. 1957년 프랭크 로젠블라트Frank Rosenblatt가 단층 퍼셉트론single layer perceptron을 발명했는데, 이 프로그램은 논리 연산 규칙을 스스로 인식했다. 그 후 MIT의 마빈 리민스키Marvin Lee Minsky와 시모어 페퍼트Seymour Papert 교수가 단층 퍼셉트론의 한계를 지적하고 다층 퍼셉트론multilayer perceptron의 필요성을 주장하게 된다. 하지만 수십 년간 연구는 답보 상태에 머물렀다. 이유는 해결하기 너무 어려워서였다. 55년의 세월이 흐른 후 2012년, 드디어 캐나다 토론토 대학 제프리 힌튼Geoffrey Hinton 교수의 연구팀이 다층 퍼셉트론의 가능성을 열게 된다. 이것이 우리가 아는 딥러닝이다.[5]

---

5 김대식, 《김대식의 인간 vs 기계》(동아시아, 2016), 143~146쪽.

딥러닝은 인공신경망Artificial Neural Network(ANN)과 유사하다. 인간의 뇌를 닮았다. 뇌는 계층구조를 가지고 있는데, 건물로 따지면 10~15층 정도의 구조로 쌓여 있다. 이런 뇌 연구를 바탕으로 딥러닝도 계층구조를 쌓는 방식으로 구조화되었다고 보면 된다. 2015년 딥러닝의 층수는 152층 정도다. 층수가 높을수록 더 발전된 것이다. 얼마 전 이세돌과의 바둑대결에 쓰인 알파고는 48층 높이의 인공신경망을 사용한 것으로 알려졌다.[6] 주목할 것은 인공신경망의 발전속도이다. 2012년 연구가 재개된 이후 불과 3~4년 만에 152층이 넘는 수준으로 발전하고 있다. 50년 동안 제자리였던 인공지능이지만, 이제 상황이 달라졌다.

앞으로 5년 후에는 인공지능이 실제적으로 우리 현실에 적용될 것이다. 2013년 수백 명의 연구자들을 대상으로 설문을 했다. "인간과 같은 수준의 인공지능이 나타날 확률이 50%를 넘는 것은 언제일까?" 평균적인 대답은 그리 멀지 않은 2040년이었다. 미국의 컴퓨터과학자이자 구글Google의 임원인 레이 커즈와일Ray Kurzweil도 2021년까지 인공지능 발전속도가 더욱 빨라질 것으로 보고 있다. "미래 과학의 발전은 지수함수적(처음에는 증가율이 적다가 나중에는 증가율이 폭발적으로 커지는 것)인 문제가 관건이 될 것"이라고 말했다.[7]

---

6   김대식, 《김대식의 인간 vs 기계》, 187쪽.
7   "우리가 알아야 할 인공지능에 관한 9가지", 〈ZD넷 코리아〉, 2016년 2월 29일자.

사실 우리가 인공지능에 지대한 관심을 갖게 된 것은 그 이면에 있는 유토피아와 디스토피아에 대한 견해 때문이다. 세계적인 전기차업체 테슬라Tesla Motors의 CEO 일론 머스크Elon Musk는 디스토피아를 전망하는 입장에서 "인공지능은 악마를 호출하는 일이다"라고 했고, 물리학자 스티븐 호킹Stephen Hawking은 "완벽한 인공지능의 개발은 인류의 종말을 불러올 수도 있다"고 경고했다. 대체로 디스토피아 견해에서는 '인공지능이 의식이 생길 것이다. 인공지능은 사람과 비교 불가할 정도로 똑똑하다. 초인공지능artificial superintelligence에 의해 지구는 멸망할 것이다'라고 우려한다.

반면 유토피아적 입장도 있다. 물리학자 미치오 가쿠Michio Kaku는 "인공지능이 위험이 될까? 아마도. 그래서 나는 인공지능이 위험한 생각을 하면 꺼질 수 있도록 그들의 뇌에 칩을 인식하는 걸 제안한다"고 밝혔다. 심리·언어학자인 저스틴 카셀Justine Cassell도 "만약 로봇혁명을 피하기를 원한다면 그저 전원이 꺼질 때까지 20분만 기다리면 된다. 그러면 다 끝날 것이다"라고 했다. 유토피아적 견해들은 인공지능은 어차피 기계라서 컨트롤할 수 있으니 걱정할 필요가 없다고 본다. '인간은 절대로 인간과 같은 인공지능을 만들 수 없다. 인공지능은 선하기 때문에 두려워할 필요가 없다. 인공지능에 생각지 못한 오류가 나타나더라도 인간은 약간의 손질로 충분히 오류를 수정할 수 있다. 초인공지능은 친절할 것이다'라는 생각이다.

인공지능을 둘러싼 여러 논의 중에 단연 관심을 끄는 주제는 '인공지능이 직업을 앗아갈 것인가'이다. 사람들은 인공지능의 발전이 상당수의 직업을 대체할 수 있을 것으로 보고 있다. 옥스퍼드 대학의 연구는 미국 내 702종의 일자리를 분석했는데, 이 중 절반이 사라질 것이라고 발표했다.[8] 이런 예측이 현실화되려면 투자와 발전속도가 굉장히 중요할 것이다.

세계 인공지능 시장 투자와 규모를 보자. 2015년 1,270억 달러에서 2017년 1,650억 달러로 연평균 14% 성장할 것으로 예측된다. 이에 발맞추어 인공지능 스타트업 투자규모는 2010년 5,400만 달러에서 2015년 3억 100만 달러로 늘고 있다. 〈그림 4-1〉에서 보듯 국내 시장도 2013년 3.6조 원에서 2017년 6.4조 원으로 성장할 전망이다.[9] 전 세계에 인공지능 산업 투자열풍이 불고 있는 중이다.

전 세계가 인공지능에 주목하는 이유는 무엇일까? 산업 패권 때문이다. 글로벌 기업들은 인터넷혁명으로 운영체제Operating System(OS) 패권의 중요도를 인식했다. 마찬가지로 인공지능이 새로운 OS가 될 것이다. 인공지능은 지금 우리가 사용하는 OS와는 차원이 다르다.

---

[8] "당신이 인공지능에 대해 잘못 알고 있는 진실 10가지", 〈뉴스페퍼민트〉, 2016년 3월 6일자.

[9] "인공지능 산업혁명, 미래 성장엔진 부상", 〈경제풍월〉, 2016년 5월 5일자.

새로운 시장, 기회의 선점

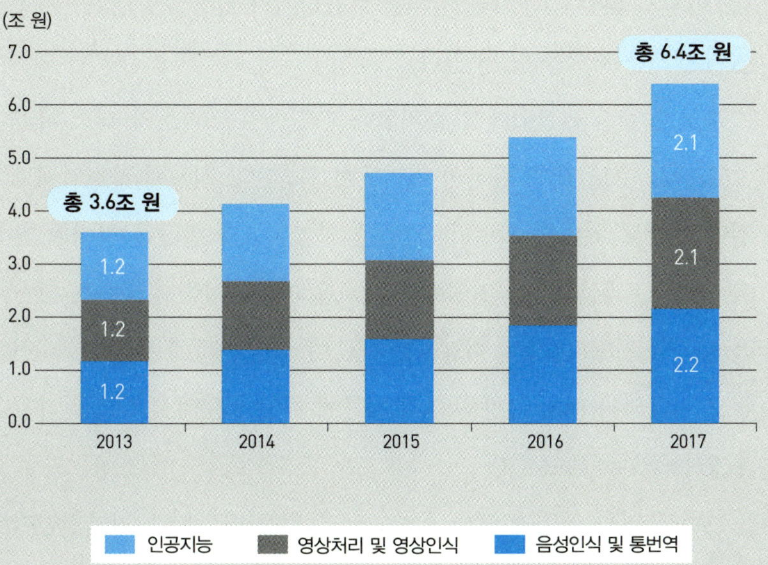

자료 미래창조과학부

현재 OS는 퍼스널컴퓨터와 스마트폰 같은 제한된 디바이스에서 사용되지만 새로 등장할 인공지능은 모든 것에 장착될 것이다. 영역이 무한대다. 자동차, 로봇, 드론, 3D프린터는 물론, 새로운 디바이스를 넘어 집, 사무실, 공장에 이르는 공간에도 활용될 것이다. 미래의 다섯 가지 핵심공간인 손, 자동차, 건물, 길, 몸을 지배하게 될 것이다. 이렇게 되면 인공지능 기술을 보유하거나 활용할 수 있는 기업만이 새로운 도약을 할 수 있다.

자칫 인공지능 산업에서 소외된다면 인공지능 회사의 제조 하청으로 남을 수도 있다. 한국의 기업들이 인공지능 회사의 하청업체로 전락할 수도 있다는 의미다. 기업은 인공지능과 관련된 인재를 찾을 것이고, 세상은 인공지능으로 새로운 아이디어를 창출하는 사람을 주목할 것이다. 지금 기업들은 생존의 중대 기로에 서 있다. 개인들도 기업의 미래에 영향을 받기 때문에 개인의 삶의 방향도 달라질 수 있음을 기억해야 한다.

그럼 우리는 어떻게 해야 할까? 답을 찾으려면 미래 인공지능이 어떤 방향으로 흘러갈지 생각해야 한다. 어디로 가는지 예측이 된다면 개인들은 그 방향을 따라 준비하고 대처하면 된다. 지금은 어떤 직업을 가져야 하느냐보다 어떤 흐름으로 가고 있는지에 좀 더 주목해야 새로운 가능성이 보일 것이다. 세 가지를 기억해야 한다.

1. 인공지능은 모든 것에 장착된다

앞서 언급한 것처럼 인공지능은 OS로 자리매김할 수 있다. 미래의 초연결사회hyper-connected society는 모든 사물과 사물, 사물과 인간, 인간과 인간을 연결한다. 집의 모든 사물을 서로 연결하고, 자동차를 매개로 집과 일터를 연결하게 될 것이다. 우리가 사용하는 모든 사물이 나를 중심으로 연결된다고 생각하면 된다. 지금보다 수천억 배에 달하는 데이터들이 쏟아질 것이다. 그런데 정보가 기하급수적으로 늘면 인간의 뇌는 이 모든 것을 제어할 수 없다. 이런 상황에서 인공지능은 인간 대신 연장된 뇌로서 모든 것을 계산하고 제어하고 운영하고 관리하게 될 것이다. 그런 연결의 과정에서 인간의 새로운 직업이 만들어질 것이다. 연결의 틈을 찾든지 아니면 연결의 중심에 서든지 선택해야 한다.

2. 인공지능은 예술로 승화된다

지난 세 번의 산업혁명을 통해 인간은 기계로부터 많은 혜택을 받았다. 하지만 기계는 여전히 인간에 비해 열등했다. 인간의 기분과 상황과 환경에 따라 기계는 수동적인 자리에서 생겨나고 사라지기를 반복해왔다. 그러나 미래 인공지능은 열등한 존재를 벗어나 인간의 친구, 동반자 혹은 협력자, 교사로서 자리매김하게 될 것이다. 특별히 인간이 다른 어떤 것보다도 월등하다고 느끼는 창의적 사고 부분에까지 영역을 확대해 인간과 창의성을 겨루게 될 가능성이 높다.

다양한 영역에서 인공지능은 인간 못지않은 실력을 뽐내고 있다. 구글은 '마젠타 프로젝트'를 공개했다. 마젠타 프로젝트는 인공지능으로 예술 창작에 도전한다. 2016년 6월 1일 첫 결과물로 80초 분량의 피아노곡을 선보였는데, 첫 부분에 네 개의 음표를 던져주면 나머지를 인공지능이 창작하는 방식으로 작곡되었다. 구글 두뇌팀은 "인공지능이 음성인식이나 번역 분야에서는 많이 활용되고 있지만 예술 분야에서는 그렇지 못하다. 마젠타 프로젝트를 통해 인공지능이 스스로 미술과 음악을 창작할 수 있는 알고리즘을 개발하고자 한다"고 밝혔다.[10] 특이점이 온다면 분명 인간은 기계와 경쟁을 해야 할 것이다. 그리고 선택은 소비자에게 달렸다.

3. 인공지능의 승부수는 알고리즘이다

인간과 인공지능의 차이는 무엇일까? 초기 인공지능 단계에서는 두 가지 차별화되는 지점이 있다. 인간 입장에서는 기계에 없고 인간만이 가진 감정과 감성 그리고 인간애다. 반면 기계 입장에서 승부수는 알고리즘이다. 이세돌과 알파고의 대전에서 봤듯이 '탁월한 알고리즘을 가지고 있는가?'가 핵심이다. 현재 초기 인공지능이 활용된 투자와 저널 분야에 주목해야 한다. 결국 승부가 갈리는 것은

---

10 "인공지능, 예술 정복에 나섰다… 'AI 퍼스트' 선언한 구글, 마젠타 프로젝트 가동", 〈메트로신문〉, 2016년 6월 2일자.

알고리즘, 즉 로직이다. 개인이 따라할 수 없을 정도로 규모와 속도 면에서 압도적인 로직을 만든다면 기계에게 충분한 승산이 있을 것이다.

지금도 인공지능 로봇시장이 형성되고 있다. 일본에서 개발한 세계 최초의 감정 인식 로봇 '페퍼'는 어른들을 위한 장난감으로서 매진 행진을 이어가고 있다. 없어서 못 팔 지경이다. 물론 원가보다 저렴하게 판매하기 때문에 팔수록 손해이긴 하지만 시장이 확장되고 독점적 지위에 올라서게 된다면 이런 문제는 빠르게 해결될 것이다. 왜 손해를 보면서까지 페퍼를 판매하는지에 대해 생각해야 한다. 지금도 이 정도의 수요가 있다면 앞으로 5~10년 뒤 시장은 어떻게 예상되는가?

지금 우리는 빠른 대처와 준비가 필요하다. 지금은 대기업, 중소기업, 스타트업, 개인에 이르기까지 인공지능에 기반한 미래에 대해 의사결정을 해야 한다. 진입할 것인가 말 것인가. 진입한다면 무엇을 할 것인가. 국가적인 차원에서도 인공지능 시장이 미래 경쟁력에 중요하다면 교육을 어떤 식으로 바꾸어갈지, 대학은 청년들에게 어떤 식으로 학습하게 할지, 인력을 어떤 규모와 수준으로 양성할지, 경쟁력을 위해 재정은 얼마만큼 투입할지 선택하고 결정해야 한다.

이 선택은 우리 모두에게 아주 중요하다. 선택을 했다면 분명하게 우리가 할 수 있는 방향으로 밀고 나가야 한다. 그래야 5~10년 후

승부를 볼 수 있다. 이 선택이 우리 기업과 청년, 기성세대와 미래
세대를 먹여 살릴 것이다. 그래서 지금 시작해야 한다. 막연히 두려
움을 갖기보다 대비를 한다면 보다 나은 미래가 펼쳐질 것이다. 끌
려가지 말고 앞서가라.

미래자동차
: 2025년 대한민국을 구할 최대 산업

2025년 대한민국을 구할 최대의 산업은 자동차가 될 것이다. 미래자동차는 한국의 기회이며 한국인의 미래다. 이미 내연기관에서 선진국과 신흥국 간 기술격차가 줄어든 자동차 산업은 새로운 패러다임을 준비할 수밖에 없는 현실이다. 대한민국의 자동차 산업도 다를 바 없다. 폭발적인 성장은 멈추었고 중국은 뒤를 바짝 따라오고 있다. 현대자동차그룹 산하 글로벌경영연구소에 따르면 2016년 상반기 전 세계 자동차 판매는 4,374만 대로, 전년 동기 대비 2.5% 증가에 그쳤다.[11] 2016년 1~6월까지 판매실적에 따르면 폭스바겐이 511만 6,800대를 판매해 업계 1위를 기록했고, 현대·기아차는

---

11 "글로벌 시장 침체 지속… 폭스바겐 '후진'", 〈뉴스핌〉, 2016년 7월 25일자.

384만 9,800대를 판매했다.[12] 〈그림 4-2〉를 보면 현대·기아차는 전년 동기 대비 판매실적이 줄었을 정도로 고전을 면치 못했다.[13]

자동차 업계 전반적으로 성장은 미미하고 경쟁은 치열해진 상황이다. 1년 사이 무슨 일이 있었던 것일까? 관건은 중국이다. 중국 자동차공업협회에 따르면 2016년 1~5월 중국 브랜드 승용차 판매량은 401만 7,900대로 전년 동기 대비 10.92% 증가한 것으로 조사됐다.[14] 중국을 포함한 글로벌 자동차 업체들이 성장 한계에 이른 세계 시장을 놓고 각축전을 벌이고 있다.

그렇다면 자동차 업체는 어떤 선택을 해야 할까? 경쟁의 틈에서 빠져나와야 한다. 다른 길, 새로운 길만이 경쟁에서 패하지 않고 살아남을 수 있는 길이다. 선택은 두 가지가 있다. 세계 기후변화에 맞추어 친환경 에너지와 소재로 돌파구를 삼는 방법이다. 주요 자동차 업체들은 이미 친환경 에너지와 소재 개발에 최선을 다하고 있다. 또 다른 선택지가 있다. 자율주행 자동차다. 자율주행 자동차는 혁신을 넘어 혁명이 될 것이고, 글로벌 경쟁에서 우위를 점할 수 있는 돌파구가 될 것이다.

---

12 "꼿꼿한 폴크스바겐", 〈중앙일보〉, 2016년 8월 1일자.

13 "현대·기아차 상반기 판매실적 줄었다", 〈경상일보〉, 2016년 8월 7일자.

14 "InfoLine/자동차공업협회/교통부 등 자동차산업, 중국자동차공업협회 2016년 상반기 자동차 생산량은 1,289만 2,200대로 전년 동기 대비 6.47% 증가 등", 〈아이앤뉴스〉, 2016년 8월 4일자.

구분	2016년 1~6월	2015년 1~6월
폭스바겐	519만 9,000대	509만 대
GM	475만 8,000대	481만 8,000대
도요타	436만 1,000대	437만 4,000대
포드	341만 4,000대	326만 4,000대
현대	239만 3,000대	241만 6,000대
닛산	216만 대	212만 6,000대
기아	145만 7,000대	152만 8,000대
BMW	116만 3,000대	110만 대

자율주행 자동차는 산업의 변화를 가져올 핵폭탄이다. 이 변화를 이해하기 위해서 자율주행 자동차의 변화를 생각해봐야 한다. 두 가지 변화가 생길 것이다.

첫째, 자율주행차는 새로운 '공간'이 될 것이다. 전통적인 자동차의 개념은 A라는 지점에서 B라는 지점으로 사람을 움직여주는 운송수단이었다. 그러나 자동차에 자율주행 기능이 장착되면 운송수단을 뛰어넘는 새로운 혁신의 공간이 된다. 사람들은 자동차를 나만의 공간으로 인식하게 될 것이다. 1·2인 가구가 늘어나고, 경제적 환경이 개선되지 않고, 도심의 주거비용이 안정적인 방향으로 옮겨가지 않으면 사람들은 자동차를 새로운 대안적 공간으로 활용할 가능성이 높다.

자동차에서 자고 놀고 먹고 생활하는 현상을 보게 될지도 모른다. 사람들은 자동차를 꾸미고 아끼고 보호하면서 새로운 문화를 만들어낼 것이다. 집을 꾸미는 비용보다 자동차를 꾸미는 비용이 훨씬 저렴하기 때문이다. 3D프린터를 활용한다면 보다 개성 있고 독창적인 나만의 물건으로 쉽고 빠르게 변화시킬 수도 있다. 21세기의 첨단 집시들의 등장이다.

미래자동차는 교육 트렌드도 바꿀 수 있다. 평생직장, 평생직업의 시대를 살아가야 하는 세대는 실제적인 직업의 연장으로 교육을 주목하게 될 것이다. 이때 자동차는 교육을 진행하기에 가장 안정적이고 용이한 공간으로 활용될 수 있다. 앞뒤좌우가 디스플레이화된 멀

티미디어 환경과 2018년 이후 상용화될 5G의 통신속도가 현실화되면 자동차는 교육의 장으로서 최적화가 가능해질 것이다.

둘째, 자율주행 자동차는 차세대 '디바이스'가 될 것이다. 디바이스의 변화는 혁명이다. 스마트폰이라는 디바이스가 전 세계를 혁신적으로 변화시켰던 것처럼 제2의 디바이스 혁신이 눈앞으로 다가오고 있다. 이로써 미디어와 게임을 비롯해, 교육, 의료, 문화에 이르기까지 모든 생활의 방식이 달라질 수 있다.

예를 들면 2025년 자율주행 자동차는 출퇴근 시간을 획기적으로 단축시킬 수 있다. 게다가 탑승자는 운전에서 해방되어 시간을 얻는다. 출퇴근 시간은 여러 가지로 활용될 것이다. 독서와 게임을 하거나 때로는 친구와 수다를 떨 수도 있다. 업무를 미리 준비할 때도 있다. 자신과 가족의 미래를 위해 오픈소스 동영상 강의로 자기계발에 몰입하기도 한다. 그런데 가장 획기적인 변화는 따로 있다. 바로 건강 진단 시스템이다. 매일 자동차가 차량 탑승자의 몸 상태를 스캔해 주치의에게 전송하면 주치의는 그 상태를 매일 점검해준다. 만약 가족력에 심근경색이 있다면 이런 서비스를 마다할 이유가 없다. 2016년, 택시를 운전하던 기사가 갑작스럽게 심장이 멎은 사건이 있었다. 하지만 승객은 아무런 조치를 취하지 않고 다른 택시를 타고 목적지로 향했다. 결국 택시 기사는 숨졌다. 자율주행차가 보편화된다면 이런 일은 발생하지 않을 것이다. 과거에도 스마트워치가 있었다. 그러나 맥박이나 잴 줄 알았지 별 도움이 되진 않았다. 의사의 진단을 받으려면 병원에 가야 했다. 하지만 미래에는 좀 더 건강하게 살아가는 매일을 경험할 것이다.

변화가 느껴지는가? 자율주행차는 우리가 상상도 못 할 경험을 가능하게 할 것이다. 21세기 노다지가 자동차다. 자동차 산업 하나가 산업 생태계를 재편할 수도 있다. 인공지능과 결합된 형태의 디바이스가 구축되면 소재, 디스플레이, 반도체, 인공지능, IoT, 원격진료 등의 모든 산업을 변화시킬 것이다. 미래에 마주하게 될 개인의 직업과 생활방식, 소비의 방식에 엄청난 영향을 줄 것이다. 그래서 자동차 산업은 우리의 미래와 관련해 주목해야 할 중요한 변수다. 자동차 산업을 제대로 도약시키느냐 이대로 무너져내리느냐에 따라 대한민국과 우리의 운명은 달라질 것이다.

미래자동차는 생각보다 가까운 미래에 나타날 것이다. 미국 스타트업 누토노미nuTonomy는 2016년 8월 25일 싱가포르에서 자율주행 택시 시범 서비스를 시작했으며, 2018년 싱가포르 전역에서 자율주행 택시 서비스를 제공할 계획이다. 스마트폰 기반 교통서비스를 제공하는 미국의 교통회사 우버Uber도 미국 피츠버그에서 자율주행 차량을 운행하기로 했다. 중국의 구글이라고 할 수 있는 바이두Baidu는 전기차 '체리 EQ'를 개조해 자율주행 자동차를 시험중인데, 2018년에 상용화하는 것을 목표로 잡고 있다. 구글도 피아트크라이슬러와 협업해 자율주행차 운행 도시를 네 곳으로 늘렸고, 현재 60여 대의 자율주행차를 시험운행중이다.

택시조합에게는 상당한 위기가 될 소지가 있다. 물론 자율주행 차량이 대중화되기까지 당분간은 운전자가 동승하게 될 테지만 시간 문제만 남았을 뿐이다. 남겨진 시간은 숙제를 해야 할 시간으로 해석해야 한다. 택시업이 VIP 고객만을 대상으로 운영되는 형태로 변할 수도 있고, 제도적으로 자격증이 있는 사람들에게만 자율주행 택시를 허가할 수도 있다. 자율주행 시대에 굳이 개인들이 자동차를 살 만한 이유가 줄어들기 때문이다.

이 틈은 사람들에게 기회가 될 것이다. 선점이 중요하다. 스마트폰이 생태계를 선점하고 활용했던 것처럼, 미래자동차 분야에서도 아이디어를 선점하고 활용해야 한다. 분명한 사실은 완전히 새로운 시장이라는 것이다. 지금부터 서둘러 하나씩 준비한다면 새로운 틈새에서 금맥을 발견할 수 있다.

미래자동차의 '안전'에 주목하라

글로벌 자동차 시장에서 승기를 잡기 위해 가장 중요한 것은 무엇일까? '안전'이다. 전통적 방식에서 안전은 운전자가 책임졌다. 스스로 안전을 위해 조심스럽게 교통법규를 지키며 때로는 방어 운전으로 생명을 지키려 노력했다. 하지만 자율주행은 운전자가 핸들에서 손을 떼는 것을 의미한다. 2025년 안전운전은 운전자의 손에서 떠나 전적으로 자동차에게 이전된다. 운전자의 안전은 운전자의 몫이 아니라 오로지 자동차, 자동차기술, 자동차 업체의 몫이 된다.

물론 아직도 자율주행차가 사고를 냈을 경우 누가 책임져야 하는지에 관한 법적 공방이 이어지고 있지만 누가 뭐래도 자동차 업체의 책임을 빼놓을 수 없다. 이제 잘 생각해보자. 당신이라면 4단계 완전자율주행 기능이 탑재된 차량을 어떤 식으로 선택하겠는가? 필자라면 기준은 무조건 안전도다. 어떤 브랜드의 자율주행 기능이 가장 안전한가가 소비자 선택의 1순위 기준이 될 것이다. 만약 우리 자동차 업계의 자율주행 기능이 글로벌 평가기준과 소비자 기준을 충족하지 못한다면, 기준에 한참 미치지 못한다면 어떤 일이 발생할까? 오히려 중국 경쟁업체들의 기술력이 훨씬 뛰어나다면 글로벌 소비자들은 어떤 선택을 할까?

전쟁은 이미 오래전부터 시작되고 있었다. 중국 창안자동차長安福特는 상하이 모터쇼를 위해 창안자동차 본사에서 모터쇼 행사장까지 자율주행 기능으로 2,000킬로미터를 운행하는 모습으로 주목을 받았다. 중국 'BAT'로 불리는 바이두, 알리바바Alibaba, 텐센트Tencent는 구글과 테슬라에 맞서 '전 세계에서 첫 무인차 주행 도시는 중국'이라는 타이틀로 전략적 제휴를 하고 기술개발에 적극적으로 나서고 있다. 미국도 바쁘긴 마찬가지다. 미국은 가이드라인을 마련하고 규제를 풀어가고 있다. 2016년 7월 앤서니 폭스Anthony Foxx미국 교통부 장관은 자율주행차 관리·감독 확대 방안을 담은 가이드라인을

논의 주체	논의 시점	주요 내용
캘리포니아 주	2015년 12월	모든 자율주행차는 핸들과 페달 등을 장착(초안 발표)
고속도로교통안전국(NHTSA)	2016년 2월	인간이 운전하지 않는다면 SW 등을 운전자로 규정(의견 제시)
캘리포니아 주	2016년 4월	수정입법 통해 자율주행차 내 핸들과 페달 등 불필요하다고 규정
앤서니 폭스 미국 교통부 장관	2016년 7월	자율주행차 관련 관리 감독 확대 방안 담은 가이드라인 발표 예고

15 "자율주행차 액셀 밟는 미··· 걸음마도 못 뗀 한국", 〈파이낸셜뉴스〉, 2016년 7월 20일자.

발표 예고했다. 테슬라의 첫 자율주행 사망사고가 있었지만 민간기업들의 의견을 적극 반영해 자율주행차 산업 육성 의지를 강력하게 드러내고 있다.

문제는 중국이다. 세계 각국은 은근한 보호무역으로 자국 산업을 보호하는 방향으로 선회하고 있다. 중국도 다르지 않다. 미국, 중국, 유럽은 드러내놓고 보호무역을 할 수도 있다. 여러 정치적 갈등으로 중국도 대외 세력으로부터 자국 기업을 보호하는 정책들을 추진하고 있고, 이런 추진에 한국도 예외일 수 없다.

중국은 한때 'IT 갈라파고스 섬'이란 오명을 가지고 있었다. 하지만 중국정부의 규제는 구글과 페이스북Facebook, 트위터Twitter와 같은 기업을 막아내고 자국 IT산업을 지원하는 전략을 병행했고 성공적으로 자국 기업을 지원해냈다. 결과적으로 중국은 더 이상 짝퉁의 나라가 아니다. 개혁, 혁신, 발전에 맞는 강국으로 급성장하고 있다. 트위터를 대신해 시나웨이보新浪微博가 성장을 했고, 이베이의 자리를 알리바바가 대신했다. 규제에 막힌 우버의 자리는 디디추싱滴滴出行이 차지했다. 2009년 서비스를 시작한 미국의 모바일 메신저 와츠앱Whats App보다 2년 늦게 출발한 위챗WeChat은 QR코드로 2016년 1분기 18억 달러(약 2조 원)의 매출을 올렸다. 이런 기업들은 혁신에 혁신을 거듭하고 있다. 시나웨이보는 트위터에 없는 결제시스템을 갖추어 프리미엄 콘텐츠 서비스를 제공하고, 디디추싱은 버스 호출 서비스를 선보이고 있다.[16] 우리가 바짝 긴장해야 할 대목이다. 중국

그림 4-4 급성장하는 중국 차량공유 시장

새로운 시장, 기회의 선점

시장점유율*
(%)
10
8
6
4
2
0
기타
우버
디디추싱
2015년 4분기
2015년 총 요금수입
(억 위안)
150
100
50
0
1분기
2분기
3분기
4분기
* 시장점유율은 승차 횟수 기준
자료 어낼리시스, 이코노미스트

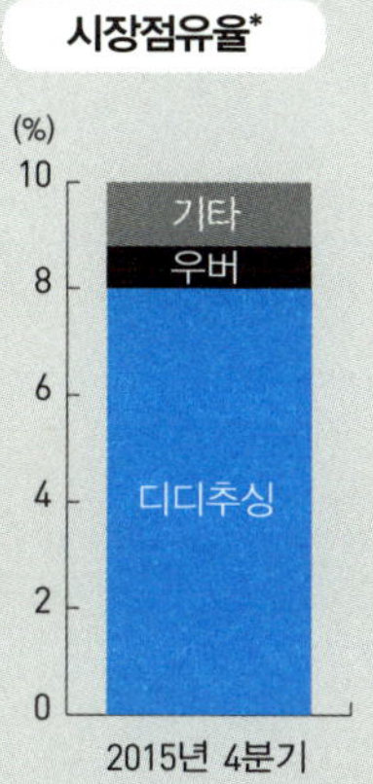

은 자동차 산업에서도 비슷한 약진을 시도하고 있다. 중국의 추격은 멈추지 않을 것이 분명하다. 자율주행에 IT혁신까지 이루는 중국을 경계하며, 자동차가 우리의 미래가 될 수 있을지 관심을 가지고 주목해야 한다.

16 "짝퉁 천국은 옛말… 세계 최초 쏟아내는 중국", 〈한국경제〉, 2016년 8월 7일자.

미래도시
: 도시의 진화가 가져온 새로운 기회

산업, 경제, 사회의 발달로 인간에게 새로운 시간과 재화가 주어졌다. 이런 변화는 거시적 관점에서 도시라는 물리적 공간을 새롭게 정의하도록 부추기고 있다. 4차 산업혁명 안에서 도시의 진화에 대해 이해할 필요가 생긴 것이다. 그렇다면 우리가 살아갈 도시는 어떤 공간으로 재편될까? 그리고 새로운 도시에는 어떤 기회가 있을까?

우선 미래도시의 개념부터 생각해보자. 미래도시는 전통적 방식으로 이해될 수 없는 공간이다. 발생과 성장의 과정이 달라서다. 지금까지의 도시는 수렵시대부터 3차 산업혁명에 이르기까지 자연발생적으로 성장했다. 밀을 수확하고 가축을 기르면서 정착생활을 하게 된 사람들이 비옥한 땅에 모이며 원시도시는 생겨났다. 시간이 지나 기술이 발전하고 정치가 진화함에 따라 더 많은 사람들이 편의성에 매료되어 모여들었고, 도시는 성장했다. 어느 순간 도시는 국가로 성장했다. 쉽게 말해 지금까지의 도시는 자발적이고 자생적인 형태였다. 그러나 미래도시는 과거와는 다른 모습을 보일 것이다. 앞으로의 도시는 태생적으로 계획적인 측면이 두드러지고, 새로운 정의가 필요한 도시도 나타날 것이다. 미래도시를 이해하기 위해서는 네 가지 개념이 필요하다.

1. 도시는 네트워크이고 네트워크는 지속적으로 확장할 것이다

미래도시에서는 두 가지 공간이 결합되는 융합이 시도될 것이다. 한 공간은 우리가 사는 현실공간이다. 현실공간이란 단순히 지구의 어느 개발되지 않은 땅만을 의미하지 않는다. 이제는 미지의 해저나 우주에 있는 땅도 포함해야 한다. 인류는 계속해서 새로운 미지의 영토로 영향력의 확장을 시도하고 있다. 그곳이 달이나 화성이 될 수도 있고, 해저 깊은 지점이 될 수도 있다. 그런 시도들은 지구의 온난화, 제2의 빙하기, 핵전쟁, 환경오염 등 불안에 맞선 새로운 도전이다. 또한 인간의 호기심도 중요하게 작용한다. 인간이 호기심을 멈추지 않는다면, 새로운 영토의 확장을 위한 도전은 계속될 것이다. 일론 머스크가 계획한 화성도시 건설을 현실화할 수 있을지 없을지 확실히 알 수는 없지만, 혹여 실패한다 하더라도 제2의 머스크가 등장할 것이고 대업을 이어받을 것이다. 굳이 화성이 아니어도 된다. 달도 미래도시의 터전이 될 수 있다.

2017년 민간기업이 주도하는 우주개척 시대도 펼쳐질 전망이다. 스타트업 문 익스프레스Moon Express는 미국 연방항공청(FAA)으로부터 달 탐사 계획을 승인받았다. 민간 영역으로는 최초다. 문 익스프레스의 공동설립자 나빈 자인Naveen Jain은 "15년 이내에 달은 세계경제의 중요한 부분이자 두 번째 집home이 될 것"이라고 말했다. 이 기업 뒤에는 구글이 숨어 있다. 구글은 달에 탐사로봇을 착륙시켜 500미터 이상 이동 후 동영상을 지구로 전송하는 팀에게 상금 2,000만 달러(약 223억 원)를 내걸었다.[17] 민간 달 탐사를 촉발하기 위한 전략이다. 자율주행차에 진입했던 것과 같은 전략을 구사하고 있다.

다른 하나의 공간은 가상의 영토다. 심해도시, 달과 화성도시는 아직 실현하기 위한 도전의 과정에 있지만 가상영토는 다르다. 가상의 영토는 이미 개척되고 있다. 페이스북은 월 이용자 수가 17억 명을 넘어섰다. 이미 어마어마한 규모로 성장한 셈이다. 이곳에서는 국경, 언어, 인종, 나이가 중요하지 않다. 누구나 자신의 의견을 개진하고 소통하며 창조하고 개발하고 변신하고 파트너를 맺고 비즈니스를 하고 있다. 가상현실과 증강현실 그리고 홀로그램 등 다양한 기술이 발전할수록 가상영토는 빠르고 멋지게 성장할 것이다. 그리고 현실과 가상이 융합되면서 공간은 지속적으로 확장될 것이다. 미

---

17 "민간 달 탐사 시대", 〈국민일보〉, 2016년 8월 14일자.

래도시는 전통적인 물리적 공간을 넘어서 가상의 영토로 확장을 기다리고 있다.

2. 미래도시는 미래 산업의 총 집결 및 종합예술이 될 것이다

도시가 중요한 것은 도시 안에서의 연결과 소통 때문이다. 미래도시에서는 현실과 현실, 현실과 가상이 마주치게 된다. 혼돈의 모든 개념이 질서를 잡고 자리를 잡아 소통을 만들어내고 비즈니스를 이루어갈 것이다. 새로운 기술들은 도시에 적합한 방향으로 개선되고 도시 안의 시민들이 활용할 수 있게 접목될 것이다.

3. 미래도시는 그 자체로 제품이 된다

도시는 미래의 유망한 사업이 될 것이다. 미래도시는 짧게는 10년, 길게는 30년이면 제품처럼 만들어질 것이다. 도시는 제품처럼 소비된다. 따라서 미래의 건설업은 건물을 설계하는 개념을 넘어 도시 자체를 설계하는 개념으로 변화되어야 한다.

브라질의 브라질리아, 사우디아라비아의 킹 압둘라 경제도시가 좋은 예다. 킹 압둘라의 경우 총면적 약 1억 8,000만 제곱미터로 워싱턴 D. C. 크기와 비슷하다. 킹 압둘라는 총 100조의 예산을 들여 계획에 따라 공업지대, 휴양지, 교육지역, 중심업무지구, 주거지역을 구상하고 설계했다. 한국의 송도도 같은 경우다. 송도의 경우 일부 지역을 구획해 여러 건설회사들이 임으로 설계한 것이 아니다.

글로벌 건축설계회사 KPF 뉴욕 사무소가 여러 지역에서 영감을 받아 마스터플랜을 세웠다. KPF 제임스 본 클렘퍼러 James von Klemperer 사장은 "송도 신도시는 다양한 도시 건설 스타일들이 접목되어 있다. 암스테르담 운하, 시드니 오페라하우스, 공원을 설계할 때는 뉴욕 센트럴파크에서 영감을 받았다"고 말했다. 미래도시는 하나의 상품으로 계획되고 설계되어 제품화될 것이다.

4. 미래도시는 리모델링된다

전통 도시의 형태를 인위적으로 재설계하는 것은 물리적으로 불가능하다. 비용 문제도 있고 시민들을 설득하기도 쉽지 않다. 정부 주도로 이뤄져야 하지만 정치적 역풍을 맞을 수도 있기에 무리수를 던질 이유가 없다. 그러나 초고령화로 인해 기존 수준의 도시주거 형태로는 살 수 없는 현실이다. 모든 시설이 노후화되기 전 사회의 구조적 변화에 따라 리모델링이 필요하다.

이러한 네 가지 개념을 감안해 미래도시 변화를 전망할 때, 미래의 건설업은 첨단기술과 미래 전략을 필요로 한다. 건축양식과 건축소재뿐 아니라 거주자의 비즈니스와 라이프스타일 등을 계획하고 알아야 생존 가능하다. 단순히 전통적 방식의 하드웨어만 고집하면 곤란하다. 건설도 도시와 함께 성장 발전해야 한다.

2015년 세계의 도시 인구는 30~35억인 것으로 조사되었다. 도시 인구는 계속 성장해 2050년이 되면 60~70억으로 증가할 것이다. 지금의 2배다. 30억 명이 추가로 도시에 거주해야 한다면, 인구 10만 명 도시 기준으로 3만 개의 도시, 인구 1,000만의 거대도시 기준으로도 3,000개의 도시가 필요한 셈이다.

그러나 이전의 사고방식으로는 미래도시 산업에 들어갈 수 없다. 새로운 아이디어, 융합능력과 예측능력이 필요하다. 새로운 아이디어는 21세기 도시와 관련해 문제들을 해결하는 방식에서 나올 것이다. 도시는 전체 에너지의 75%를 사용하고, 이산화탄소의 80%가 배출되는 공간이다. 도시화로 인한 물 문제, 대기의 질, 교통 혼잡, 주거 혼잡, 에너지 남용 등 이미 드러난 문제들을 해결해야 한다. 게다가 도시는 계속 증가하고 인구가 집중되고 있다. 기존 스타일의 도시에서는 똑같은 문제가 반복되고 누적될 것이다. 에너지 낭비, 환경오염, 범죄 문제는 급격하게 늘어날 것이다. 즉 새로 만들어지는 도시가 전통 방식대로 설계된다면 문제해결력이 없는 비효율적인 공간이 된다. 해결책은 있다. 새로운 도시는 새롭게 콘셉트를 잡고 아이디어를 접목해 기존 문제들을 해결하면서 발전해야 한다. 미래 건설회사는 단순히 '집을 튼튼하게 짓는다. 안락하게 짓는다. 평수와 구조를 차별화한다. 보기 좋게 짓는다'라는 콘셉트를 넘어 물

문제, 대기의 질 문제, 교통, 주거, 에너지 문제를 복합적으로 해결하면서 새로운 방향성을 소비자들에게 제시할 수 있어야 한다.

예컨대 KPF 뉴욕 사무소는 송도를 설계를 할 때 친환경 녹색도시를 표방하며 중심부에 녹지를 조성했다. 녹지는 압축된 영역이면서도 공간의 무한성이 느껴지게 해주고, 이산화탄소를 산소로 바꾸는 도시의 허파가 되기 때문이다. 또한 도시 중심부에 녹지를 두면 건물이 열을 생성하고 흡수하며 기온이 높아지는 현상인 열섬효과를 억제하는 데 도움이 된다. 나름 치밀한 계산이 깔려 있는 대목이다. 실제로 송도의 녹지는 도시면적 40%를 차지하고 있다. 전략적 판단에 따른 조화와 구성이 이루어진 설계인 셈이다.

또한 미래도시는 거주자들이 1·2인 가구로 바뀌는 데 대비해야 하고, 테크놀로지 시대에 맞는 기술적 편의를 제공해야 할 것이다. 게다가 도시 주민들의 경제적 활동도 고려해야 한다. 콘셉트도 추가해야 한다. 송도는 금융허브로, 중국의 톈진은 에코시티로 콘셉트를 잡고 구상했다. 토탈 설계다. 그럼 소비자의 선택도 지금과는 달라질 것이다. 앞으로 소비자들은 건물을 구입하고 이주할 때 투자 목적을 넘어 문제를 해결하는 솔루션을 선택하는 방식으로 판단을 내릴 것이다.

미래도시는 미래 건축업의 새로운 성장을 가능하게 하는 장르다. 아주 새로운 모형이고, 업계의 패러다임을 바꾸는 종합예술이 되는 것이다. 건설업도 변화될 것이 당연하다. 미래 건설업의 변화는 단순히 '돈을 더 버느냐, 덜 버느냐'의 문제가 아니다. 사실 '도시가 변화한다'는 것의 의미는 좀 더 깊게 생각해야 한다.

생각해보자. 인구 대부분이 도시에 거주하면서 수많은 문제가 도시에서 발생한다는 것은 누구나 공감할 것이다. 인류의 생존을 위협하는 문제들은 대개 도시에서 발생하고 있다. 인구가 집중화된 도시가 어떻게 바뀌는가는 곧 인류의 미래라고 봐도 무방하다. 도시의 변화가 세상의 변화를 이끌 수 있는 가능성이 있다. 그래서 도시는 어마어마한 가능성을 가진 매력적인 산업이다.

미래도시의 변화는 4차 산업혁명의 기대치가 충분히 반영되어 나타날 것이다. 4차 산업혁명은 생산방식의 혁명과 에너지혁명 그리고 네트워크혁명이 주도할 것이다. 도시가 '어떻게 얼마만큼 발전하고 성장하느냐?'는 세 가지 혁명이 어디까지 폭발적으로 성장하는지에 따라 달라진다. 특히 도시변화의 추동력 중 네트워크에 가중치를 둘 필요가 있다. 도시는 네트워크 혁명에 따라 변화되었기 때문이다. 1차 산업 때 네트워크 혁명은 철도였다. 철도의 확장성에 의해 이동속도와 거리의 혁명이 시작되었다. 철도는 단순히 영향력이 미치는 물리적 범위의 확장을 넘어 시간과 공간의 패러다임을 바꾸어놓았다. 철도에서 자동차, 전기, 전압 등 새로운 에너지의 등장으로 일어난 2차 산업의 에너지혁명은 인간들 사이의 네트워크, 즉 소통범위를 폭발적으로 늘려주었다. 3차 산업혁명의 네트워크 확장은 디지털 생산방식으로 나타났다. 보편화된 디지털 방식은 컴퓨터를 시작으로 사회 전반적인 환경을 변화시켰다. 이제 우리는 물리적 국경에 매여 살지 않는다. 클라우드와 모빌리티의 혁명으로 진정한 지구촌이 완성되었고, 차원이 다른 사이버 영토의 확장이 이어지고 있다. 통신속도가 5G, 6G로 이동하면 지금보다 훨씬 다양한 편의를 누리게 될 것이다.

이런 도시혁명은 사회·경제적 혁명을 불러올 것이다. 도시의 환경이 완전히 바뀌면서 소통하는 방식, 생활하는 방식, 선택과 결정의 방식이 바뀌게 된다. 소통의 방식이 달라지면 생각과 소비, 정치와 사회, 문화와 감성 등도 자연스럽게 이전과 다른 모양으로 나타날 것이다. 개인들의 의식이 달라지면 경제혁명도 수반될 것이다. 사회의식과 경제의식은 연동되기 때문이다. 여기에 새로운 미래기술이 등장해 경제혁명의 구조와 인프라를 바꾸어갈 것이다. 네트워크는 강화되고 경제활동의 방식과 범위도 달라지게 마련이다. 20세기 도시와 완전히 다른 21세기형 도시의 경제적 활동이 시작되는 것이다.

미래에는 도시 안에서 이런 혁명을 주도적으로 이용할 줄 아는 주체들이 기회를 얻고 리더의 역할을 하게 되어 부의 중심에 서게 될 것이다. 따라서 미래도시는 새로운 기회이고, 가능성이다. 이러한 변화들에 맞추어 도시를 설계하고 세우고 운용하고 보수할 수 있는 다양한 가능성을 준비하는 지혜가 필요하다. 창의적 전환이 중요하다. 다양한 기회가 등장하는 초입이기 때문에 지금부터 준비한다면 그만한 가치 보상이 있을 것이다.

미래도시에 기회만 있는 것은 아니다. 기회와 함께 새로운 문제들도 예측된다. 첫째, 도시가 컴퓨터처럼 움직이기 때문에 고장이 발생할 수 있다. 컴퓨터화된 도시는 연결사회에 진입하기 때문에 언제나 해커와 테러 세력의 표적으로 노출되어 있다. 그들은 다양한 규모와 방식으로 공격할 것이다. 따라서 바이러스나 오류 없는 도시는 불가능하다. 이런 공격을 대비해 사이버 도시방위군이 필요해질 수도 있다. 보안의 중요성이 그 어느 때보다 커진다. 도시는 블록체인Block Chain[18]으로 방어할 수 있는 전문가를 원할 것이다.

둘째는 극심한 비균질성이다. 비균질성이란 미래의 세대격차, 디지털격차, 공간격차를 말한다. 미래도시는 격차사회가 될 것이다. 이런 격차는 극심한 사회갈등을 유발할 위험이 있다. 이뿐 아니라, 개인들이 미래도시에 진입하기 위해서는 두 가지 큰 장벽도 넘어야 한다. 첫 번째 장벽은 재정이고 다음은 의식이다. 시스템적으로 움직이는 사회를 보면서 적응하고 가치를 부여할 준비가 되어 있는지,

---

18 비트코인과 같은 가상화폐를 거래할 때 해킹을 막기 위한 기술.

이런 도시를 소비할 재정적 여력이 있는지가 중요해진다. 더불어 돈이 있더라도 미래도시의 시스템을 인정하지 않는 배타적 가치를 가진 사람은 도시에 진입하지 않을 것이라는 가정도 가능하다. 이런 다양한 차이로 공간의 격차는 커질 것이다.

예를 들어 인구 1,000만이 넘는 메가시티 전체를 송두리째 바꿀 수는 없다. 그러면 기존 도시 일부 지역에 뉴타운을 만들 수 있다. 당연히 기존 도시와 뉴타운 지역의 공간격차가 발생하게 된다. 지금도 일부 지역의 행복도시계획이 격차 문제로 갈등을 빚고 있다. 미래에 새로운 뉴타운이 조성된다면 상업지역이나 공업지역과 공간격차가 발생하게 되고 갈등이 심화될 소지가 다분하다. 부자들은 더 안전하고 좋은 환경에 진입하지만, 소외계층은 혜택을 누리지 못할 수 있다. 그로 인해 계층갈등이 나타나, 새로운 카스트 제도 혹은 부자들과 가난한 사람들이 나뉘어 사는 고립사회와 경계사회가 형성될 것이다. 정치인들은 이런 사회가 되지 않도록 정치적 책임을 갖고 도시를 설계해야 한다.

셋째는 감시사회에서 비롯되는 문제다. 이는 계층화된 사회의 필연적 귀결이다. 미래도시는 효율화된 사회다. 효율적 사회를 유지하기 위해 강력한 시스템과 인공지능이 작동해야 한다. 안전과 효율을 위해 모든 것이 감시되고 통제될 것이다. 지금도 대한민국은 감시카메라가 12.5제곱미터당 1대꼴로 설치돼 있는 세계 1위 CCTV 공화국이다. 개인정보법 적용 대상만 800만 대가 넘는다.[19] 미래도시에서는 이보다 더 심하게 먹을거리, 놀이, 교육, 정보와 비즈니스가 통제되고 유통될 것이다. 계층화된 사회의 안정적 분립과 범죄 예방을 위해서도 통제는 필수가 될 전망이다. 예측가능한 위험요소를 철저히 분리하고 감시해야만 안전할 수 있다는 생각이 지배적 흐름으로 자리 잡을 터이기 때문이다.

이런 생각은 부와도 직결된다. 안정적 비즈니스의 대부분은 신뢰도 높은 네트워크로부터 생성된다. 따라서 네트워크에 노이즈가 첨가되지 않도록 보다 철저히 감시하고 통제하게 될 것이다. 더욱 치열한 감시가 미래도시의 한 부분으로 정착될 수 있다는 것을 기억해야 한다.

미래도시가 형성되기까지는 아직 시간적 여유가 있다. 기술의 문제는 아니다. 기술을 풀어내는 방식, 즉 새로운 비즈니스 모델을 만들어내야 한다는 숙제가 아직 남아 있는 것이다. 앞에서 지적했듯 미래도시에서 예상되는 세 가지 문제, 즉 보안, 격차, 통제를 고려하면 비즈니스 모델을 설정하는 데 도움이 될 것이다. 그리고 선택해야 한다. 초기에 새로운 아이디어로 새로운 도시에 뛰어들 것인지 아니면 좀 더 면밀한 계획과 학습을 토대로 새로운 아이디어가 폭발적으로 증가하고 실현될 때 미래도시로 진입할 것인지를. 미래도시

---

19 "세계 1위 CCTV 공화국", 〈주간조선〉, 2016년 8월 1일자.

의 문은 활짝 열려 있다. 새로운 산업과 직종에 그럴듯한 이름을 붙이는 것은 다음 문제다. 우선 진입할 수 있는 명분과 실리를 구축해야 한다. 지금부터 잘 준비해서 미래도시가 당신 편이 되게 하길 바란다.

이상으로 미래 제조업 4.0시대를 전망하고, 3D프린터, 인공지능, 미래자동차, 미래도시라는 변화의 핵심이 될 기술적 요소를 살펴보았다. 물론 다양한 미래산업에 대해 꼼꼼히 살펴보고 따져봐야 하지만 그러려면 이 책 한 권으로 부족할 것이다. 그래서 산업과 일자리와 직결될 수 있는 핵심 네 가지만 살펴본 것이다. 이 네 가지가 인간에게 커다란 도전과 기회가 될 만한 요소라는 점은 분명하다.

PART 3

인간과 기계,
어떻게 상생할 것인가

▶5 기계적 사고가 필요하다

미래의 연결은 연결되었지만 연결되었음을 인지하지 못하는 상태가 지속될 것이다. 마치 이미 우리가 수천 년 동안 가족, 직장 동료, 종교적 공동체, 사회적 커뮤니티 안에 연결되어 살아가고 있음에도 커다란 의식 없이 지내왔듯이 미래는 사물과 사람, 사물과 사물의 경계가 모호해지는 것을 인지하지 못하는 수준으로 연결도가 확장될 것이다.

네트워크 3.0 시대
: 연결하는 자가 지배한다

거대한 산업 판의 이동에서 어떤 가능성을 발견할 수 있을까? 시중에 떠도는 섹시한 미래 직업명(맞춤 정신분석학자, 데이터 마이너, 우주 식민지화 기획자, 융합형 엔지니어, 무주지 거래 전문가, 인공 생명체 디자이너, 사내 지속가능성 관리자 등)을 빌려 설명하고 싶지는 않다. 미래는 너무 방대하지 않은가? 현재는 미래를 보며 명사를 찾기보다 동사를 찾아야 하는 시점이다. 필자는 '연결하다'라는 동사를 제시하고 싶다.

네트워크 3.0시대에는 모든 것이 연결된다. 사물과 사물, 사물과 사람, 사람과 사람이 연결될 것이다. 그런데 이러한 연결은 어디서나 지속적이며 의도와 관계없는 무의식적 연결이다. 〈그림 5-1〉의 '연결의 육하원칙과 네트워크 유형' 표를 보면 좀 더 쉽게 이해할 수 있다. 예를 들어 현재 소셜 네트워크인 트위터, 페이스북, 인스타그

연결의 6하원칙과 네트워크 유형*			
	소셜 네트워크	매개 네트워크	컨텍스트 네트워크
누가	인간	인간, 알고리즘	모든 것(인간/사물/환경/알고리즘 등)
언제	행위	이벤트	지속적
어디서	온라인**	온라인	어디서나
무엇을	고정된/명시적 관계	유동적/명시적 관계	다이내믹/맥락적
어떻게	의식적으로	의식적/무의식적으로	무의식적으로
왜	(사회적) 의도	(구매) 의도	의도와 관계없이

* 네트워크 유형: 3개가 독립배타적이지 않으며 가장 두드러지는 속성 중심으로 유형이 정의되었음을 일러둔다.
** 온라인: 오프라인과 대립적 의미가 아니라 전자적 공간을 강조하기 위해 사용되었다.

1　"연결의 육하원칙과 IoT 네트워크", 〈오가닉 미디어랩〉, 2014년 12월 29일자.

램 등은 개인의 의식적 수준에서 접속하고, 정보를 취사 선택 및 활용한다. 정보를 얻기 위해 생각하고 입력 장치를 누르고 디스플레이를 통해 확인하는 과정을 거친다. 그러나 미래의 컨텍스트 네트워크는 무의식적인 접속 상태를 유지할 것이다. 현재의 연결 단계인 입력 장치를 활용해 입력을 하는 단계가 사라지고 언어가 바로 디스플레이로 이미지화하거나 생각이 바로 디스플레이로 이미지화하는 구조로 변경될 것이다. 그리고 인간은 언제, 어디서나 무의식적 접속 상태에서 클라우드의 정보를 선택하고 활용해 지식을 확장, 재구조화하게 될 것이다. 이런 관점에서 거대 산업 판에 어떤 연결이 있고, 연결이 사람에게 어떤 기회를 줄 수 있는지 생각해보려 한다.

우리는 '후기정보화시대'를 산다. 정보화시대는 정보가 부가가치를 만들어내는 시대라고 할 수 있는데, 후기에 접어들면 인간의 두뇌가 점차 자동화되고, 사회는 지식기반에 이어 지능기반으로 변모해가게 된다. 그래서 인간과 로봇이 결합되고, 물리적 사물과 사람의 연결이 폭발적으로 증가하게 된다. 도처에 인공지능 컴퓨터가 자리 잡고, 인공지능 로봇과 인간적 로봇이 함께 창의적 역동성을 만들어낸다.

현재 사용되고 있는 스마트 기기는 70억 대가 넘는다. OECD의 '디지털이코노미 아웃룩 2015' 조사결과에 의하면 현재 한 가정에서 인터넷에 연결된 기기는 10개 수준이다. 그런데 2022년이 되면 50개에 이를 전망이다.[2] 각각의 스마트 기기 안에는 센서들이 부착되어 있는데, 2012년 이런 센서가 감지한 면적이 1,200만 제곱미터였다. 2015년에는 3,590만 제곱미터로 증가했다. 맨해튼 절반 면적에 달한다.

게다가 센서는 스마트 기기에만 장착된 것이 아니다. 자동차의 GPS나 블랙박스에는 주행정보를 파악하기 위한 센서가 부착되어 있고, 도시 곳곳에 있는 CCTV도 점점 뛰어난 기능을 자랑하며 폭발적으로 증가하고 있는 추세다. 이렇게 수집된 데이터 역시 스마트 기기와 연동될 수 있다. 일반 가전제품에 센서를 부착하면 모바일로 컨트롤되는 스마트 홈 가전으로 탈바꿈시킬 수도 있다. 미래의 초연결사회에서는 이런 연결이 더욱 방대해질 것이다.

우리가 살아갈 미래에는 지금보다 몇십 배, 몇백 배로 센서가 증가할 것이 분명하다. 세 가지 이유에서다. 첫째, 대량생산으로 센서의 가격이 하락하고 있다. 이에 따라 점점 많은 소비자들이 센서를 구입한다. 한편에서는 해커들은 센서와 마이크로컨트롤러를 이용해 물건에 지능을 부여하고 있다. 그들은 이런 행동을 멈추지 않을 것이다.

두 번째는 기술의 발전이다. 미국 캘리포니아 대학의 크리스 피스터Kris Pister 교수는 1~2밀리리터 크기의 먼지만 한 초소형 센서를

2　"CPU와 무어의 법칙을 넘어서, 인텔의 5가지 미래전략", 〈동아일보〉, 2016년 7월 21일자.

개발해 '스마트 더스트Smart Dust'라는 이름을 붙였다. 스마트 더스트는 검은색 네모난 점 모양을 하고 있는데, 머리카락보다 가늘다. 센서가 내장되어 있어 훅 하고 불면 작동한다. 스마트 더스트가 상용화되면 이 먼지 같은 장치로 실내외를 떠다니며 환경 변화와 신체 증상 등을 감시하고 보고하게 될 것이다. 스마트 더스트로부터 숨을 수 있는 곳은 없다. 도시, 농촌, 빌딩, 지하철 가리지 않고 데이터를 수집하고 감시할 것이다.[3] 활용도는 무궁무진할 것이다.

세 번째는 실생활 활용도의 극대화 때문이다. 자동차를 예로 들어보자. 지금 자동차의 센서는 GPS와 블랙박스 수준이다. 하지만 미래에 완전자율주행차가 현실화되면 차원이 달라진다. 자율주행을 위해 자동차는 '라이더Lider'라는 센서를 필요로 한다. 라이더는 레이더 감지기인데, 64개의 레이저로 360도 스캔을 초당 750메가바이트의 이미지로 데이터화해 내비게이션에 활용한다.[4] 먼 미래에 관한 이야기가 아니다. 영국은 2016년 6월 26일 자율주행 자동차를 위한 자동차보험을 출시했다. 2030년쯤에는 전체 자동차의 26%가 완전자율주행 자동차로 대체될 것으로 예측된다.[5] 그 외에 가상현실, 인공위성, 로봇, 인공지능의 센서들까지 합쳐지면 초연결사회가 도래

---

3 다음백과 TTA 용어사전, '스마트 더스트'.
4 피터 디아만디스 · 스티븐 코틀러 《볼드》, 이지연 옮김(비즈니스북스, 2016), 78~81쪽.
5 "자율주행차 전용보험, 영서 세계 첫 출시", 〈국민일보〉, 2016년 6월 26일자.

할 것이다. 미래학자이자 사회과학자인 제임스 캔턴 James Canton 은 2025년 초연결사회의 특징을 다음과 같이 정리했다.

2025년 세계의 초연결성

- 유튜브에는 매분 200시간이 넘는 동영상이 올라온다.
- 지구상에는 1,000억 개가 넘는 연결된 도구가 존재한다.
- 1조가 넘는 연결된 칩, 센서, 기계 들이 존재한다.
- 3억 개의 착용 장치가 온라인으로 연결되어 있다.
- 모바일 도구는 매달 50엑사바이트가 넘는 데이터를 생산한다.
- 모바일 도구의 수가 세계 인구보다 많아진다.
- 70억 명 이상의 사람이 모바일 인터넷으로 연결된다.
- 스마트 기기들 간의 네트워크는 전 세계 기업가와 기업이 협업하고 혁신하고 거래하고 사업할 수 있도록 돕는다.
- 디지털 장비와 모바일 디지털 서비스는 업무 절차와 기업을 변화시킨다.
- 모바일 네트워크를 통해 세계적으로 기업가들의 협업이 강화되면서 활기 넘치는 새로운 세계시장이 형성된다.
- 인지 컴퓨터 기술은 모든 사물에 지능이 있는 사물인터넷을 변화시킨다.
- 세계적 혁신 환경에서 모든 상품과 서비스의 70퍼센트가 개발되고 제조되며, 분석되고 판매되고 분배된다.

• 기업 정보 시스템은 소비자들이 말하기 전에 그들이 원하는 것을 알아내고, 그에 맞는 상품을 출시한다.[6]

어떤 이는 '지금도 연결된 것이 아니냐?'라는 질문을 할 수도 있다. 맞는 말이다. 지금도 연결되어 있다. 하지만 지금의 연결도와 미래의 연결도는 완전히 다르다는 측면에서 생각해야 한다. 지금은 기계와 사람, 웹과 사람, 어플과 사람의 연결이 의식할 수 있는 상태에 있다. 하지만 미래의 연결은 연결되었지만 연결되었음을 인지하지 못하는 상태가 지속될 것이다. 마치 이미 우리가 수천 년 동안 가족, 직장 동료, 종교적 공동체, 사회적 커뮤니티 안에 연결되어 살아가고 있음에도 커다란 의식 없이 지내왔듯이 미래는 사물과 사람, 사물과 사물의 경계가 모호해지는 것을 인지하지 못하는 수준으로 연결도가 확장될 것이다.

그럼 어떤 세상이 될까? 새로운 방식으로 먹고 입고 자고 놀고 즐기고 일하고 생각하고 비즈니스를 하게 될 것이다. 기업과 소비자가 일대일로 직접 연결되어 바다 건너편의 물건을 마치 내 옆에 있는 것처럼 소비할 수 있는 가능성이 열리게 된다. 현실세계에서의 비즈니스만 변화되는 것은 아니다. 가상과 현실의 공간 경계가 허물어질

---

6 제임스 캔턴, 《퓨처 스마트》, 박수성 · 이미숙 · 장진영 옮김(비즈니스북스, 2016), 51쪽.

것이다. 실재하지 않는 세상에서 실제를 느끼며 상품과 서비스를 즐기는 놀라운 기회가 주어질 것이다. 이것은 연결의 새로운 기회다. 사이버상의 비즈니스는 현실세계의 비즈니스만큼 각광받을 것이다.

사람 간의 연결방식이 새로워지면, 기업의 인재 등용방식도 변할 것이다. 회사 소속으로서의 인재도 고용하겠지만 세상에 있는 모든 인재를 적재적소에 기업을 위해 활용할 수 있는 길이 열리게 된다. 이제 개개인은 한국이라는 사회를 넘어서 전 세계 인재들과의 막강한 경쟁에 돌입하게 될 것이다. 물론 로봇과 인공지능도 당신의 경쟁상대가 분명하다. 구글의 알파고, IBM의 왓슨도 경쟁상대라는 사실을 잊지 말라.

그러나 연결도가 높아진 인공지능기반 사회에서 개인은 능력을 극대화할 수 있다는 장점도 있다. 준비만 된다면 신체적·물리적·지능적인 면에서 이전과 확연히 다른 파워풀한 개인powerful people이 될 수 있다. 예를 들어, 가까운 미래에 개인은 인공지능을 활용하게 될 가능성이 높다. 인공지능의 최대 강점 중 하나는 데이터를 받아들이고 분류하고 연결하는 능력의 탁월함이다. 지금 우리가 사용하는 퍼스널컴퓨터가 이런 역할을 못하는 것은 아니다. 다른 점이 있다면 인공지능은 딥러닝 방식으로 스스로 진보와 성장을 거듭하며 똑똑하게 역할을 수행한다는 것이다. 예컨대 IBM은 왓슨을 이용해 이미 수사지원 시스템을 개발했고, 범죄 수사에 활용할 예정이다. 왓슨의 능력이라면 경찰기록을 단 1초 만에 파악할 수 있다. 1초 만에 필요한 자료를 분류하고 연결하게 된다면 경찰 초동수사에 상당한 진전이 있을 것이며, 범죄자 검거는 빨라질 것이다.[7]

개인이 인공지능과 로봇을 활용할 수 있게 된다면 어떤 일이 발생할까? 우선 자동적 지식 창출, 지식 관리, 지식 거래가 가능해진다. 인공지능 기반과 인간적 로봇을 신체의 연장으로 삼아 인간보조 능력을 극대화한다면 인간 근력의 완전한 자동화를 실현하게 된다. 전통적 노동과 다른, 새로운 노동의 정의가 필요해질 수도 있다. 로봇과 인공지능이 인간의 신체적·물리적 도구로서 확장되고 실현되면 우리는 새롭고 다양한 시간, 공간, 의식이라는 부가가치를 얻을 수 있을 것이다. 더 창의적이고 통찰적인 활동이 가능한 시대가 펼쳐지는 것이다.

물론 긍정적 측면만 있는 것은 아니다. 이미 수많은 석학들과 사람들이 예견했듯, 인공지능과 로봇에 기반한 사회에 대한 두려움이 존재한다. 새로운 위험이 증가할 수 있다. 인류는 로봇과 인공지능으로 새로운 정신적·육체적 사회 전염병을 경험하게 될 것이다. 사회는 편리해지지만 더 불안해진다. 서로 불신하게 된다. 패러다임의 충돌로 가치관 갈등은 심화될 것이다. 필터링되지 않은 정보들 때문에 정보 전염병이라는 위험성도 증가할 것이다.

---

7 "수만 장 서류도 1초면 파악… 셜록 홈즈도 울고 갈 AI 수사관이 온다", 〈아시아 경제〉, 2016년 6월 14일자.

더 단단해지고 복잡해지고 치밀해져가는 시대의 변화를 이해하고 적응도를 높이는 것이 관건이다. 우선 연결을 의미 있게 생각하고, 시도하고 도전할 수 있는 영역을 탐구해야 한다. 미래는 연결하는 자의 것이다.

이런 변화의 속도에 적응하지 못하면 기업이든 개인이든 일차적으로 속도에 함몰될 가능성이 높다. 아마 전 세계 기업의 25%는 변화의 속도에 뒤처져 사라질 것이다. 이 문제는 대기업에서 더 심각하게 나타나, 심하면 절반 정도가 사라질 수도 있다. IMF 당시 상위 30개 기업 중 17개가 사라졌다. 사라지는 기업들은 대부분은 변화 속도에 맞춰 새로운 인재를 등용하거나 시스템을 바꾸지 못했을 가능성이 높다. 이제는 타이밍이 관건이다.

잉여 시간의 문제
: 시간을 디자인하라

미래에는 새로운 시간이 주어질 것이다. 시간활용의 윤리적 차원이나 유희적 측면에서의 논의는 잠시 접어두고, 우리가 얻을 수 있는 상대적 시간의 양과 가치에 대해서만 따져보자.

분명 우리는 이전보다 많은 시간을 얻게 될 것이다. 공부하는 기계가 게으름을 상쇄해주고, 자율주행 자동차가 운전 노동을 혁신적으로 줄여주면, 과거에 비해 획기적인 잉여 시간을 공급받게 될 것이다. 개인은 새로운 제조업 시대의 주인으로서 자신을 위한 새로운 직업을 만들고, 슈퍼 프리랜서로서 자신의 가치를 높이게 될 것이다. 새로운 도시는 인간의 환경을 개선해 삶의 질을 높여주고, 미래 의료는 줄기세포와 나노과학의 혁명으로 수명연장이라는 오랜 꿈을 실현해줄 것이다. 물리적인 평균수명도 증가하겠지만, 평균수명의 증가와 함께 질적 수준의 시간활용에서도 획기적인 개선이 나타날 것이다. 그러면 미래의 평균수명 100세나 120세는 지금 생각하는 100세, 120세가 아니다. 오늘날 체감하는 연령으로 따지자면 150~200세가 될 수도 있다.

150년쯤 산다면 당신은 그 오랜 시간 동안 무엇을 하겠는가? 미래에는 질적 차원에서 시간을 디자인해야 한다. 이와 관련해서 서비스업이 질적으로 개선되어야 한다. 영화를 보고, 음악을 듣는다는 1차적 소비를 넘어, 디자인된 시간을 사용한다는 측면에서 접근할 필요가 있다. 사람들은 절대 시간을 소비하고 싶어하지 않는다. 사용하고 싶을 뿐이다.

시간을 소비 측면에서 사용 측면으로 전환하기 위해서는 시간 안에서 생각을 디자인해야 한다. 생각을 디자인했다면 다음은 가치를 디자인해야 한다. 생각이라고 무조건 유익한 것이 아니다. 생각을 디자인해서 가치 있는 새로운 목적과 의미를 디자인할 수 있어야 온전히 삶을 이루어갈 수 있다. 의미와 목적은 역설적으로 시대의 문제에서 발견될 것이다. 단적으로 미래는 상대적 빈곤과 박탈의 시대, 결핍의 시대가 될 것이다. 상대적 빈곤과 박탈을 느끼는 사람들에게 시간의 가치를 나누고, 주어진 잉여 자산을 분배하여 삶의 새로운 의미와 가치를 지배하는 방향 설정이 필요하다.

무엇보다 개인은 잉여 시간 안에서 생산적 지식 네트워크의 확장을 시도해야 한다. 지식이 미래이기 때문이다. 지식이 중요해진 사회에서 끊임없는 지식의 창출은 대단히 중요하다. 기업도 지식의 중요성을 알기 때문에 막대한 투자를 아끼지 않는다.

문제는 개인이 거대집단을 상대로 이길 승산이 있느냐이다. 개인이 지식을 생산해내는 데는 질적인 면에서나 속도 면에서 분명한 한계가 있다. 어떻게 해야 할까? 집단지성이 필요하다. 집단지성을 내 것으로 이용할 수 있는 친근하고 친밀한 지능적 네트워크의 도움을 받아야 한다. 즉 개인이 온라인과 오프라인을 적극적으로 활용하는 것이다. 이 경우 전문성 검증이 문제될 수 있다. '불특정다수로 구성된 집단지성이라면 국정과 기술, 환경, 문화, 제도 등의 수준 높은 문제를 논의할 수 없지 않겠는가?' 반은 맞지만 반은 틀렸다.

항아리 속 젤리라는 실험을 들어본 적 있는가? 유명한 심리연구 실험이다. 실험 참가자들에게 젤리로 가득한 항아리를 보여주고 항아리 속 젤리의 숫자를 맞히게 했다. 정답은 2,845개였는데, 사람들은 각자의 방식을 사용했지만 정확히 맞히지 못했다. 그런데 놀라운 결과가 발견되었다. 실험에 참여한 사람들이 내놓은 정답은 제각각이었지만 전체 평균을 구해보니 항아리 속 젤리의 숫자와 정확히 일치했던 것이다. 특별히 두뇌가 뛰어난 사람이나 수학 전문가들로 구성된 집단이 아니더라도 집단지성은 놀라운 힘을 발휘한다. 전문가 집단이라면 그 정확도는 더욱 높아질 것이다.

또 하나 재미있는 사실은 만들어내는 지식의 수준은 집단의 규모와 비례하지 않는다는 사실이다. 집단 구성원의 숫자가 임계점에 도

달하면 천 명이든 만 명이든 상관없이 일정한 정도의 효과를 동일하게 얻을 수 있다. 결론은 대기업 수준의 자본을 투입하지 않더라도 일정 수준의 인원이 모여 집단지성의 힘을 발휘한다면 대기업 못지않은 성과를 충분히 낼 수 있다는 것이다.

이런 네트워크를 생성해 효율적인 집단을 만들기 위해 반드시 갖추어야 할 것이 있다. 바로 좋은 인성이다. 특히 온라인상에서는 얼굴을 대면하지 않기 때문에 인성의 중요성이 무시되기 쉽지만, 인성은 지식과 네트워크에 가장 중요한 요소다. 예를 들어 공동체가 함께 창조해낸 가치 있는 지식을 누군가가 다른 사람에게 물질을 대가로 판매하거나 불순한 의도를 가지고 활용한다면 어떻게 되겠는가. 네트워크를 활용한 집단지성은 구축하기도 쉽지만 무너지기도 쉽다. 악용될 가능성은 충분히 열려 있고, 현대사회에서 비일비재하게 일어난다. 산업스파이, 불법 소프트웨어 복제, 음악과 영화의 불법 유통, 아이디어 도용 등이 다양한 영역에서 이루어지고 있다. 그래서 앞으로 모든 분야에서 인성이 담보된 인재를 선호할 가능성이 높다. 물론 인성을 어떻게 검증할지가 관건이지만, 어떻게든 인성이 좋은 사람을 뽑으려 노력할 것이다. 지식과 정보 자체보다 어떤 사람이 어떤 마음으로 지식을 가공하고 재창조해내느냐가 중요하다. 인성이 준비되지 않은 자들의 지식 융합은 기업과 국가에 재앙이 될 수도 있다.

기계적 사고와 인문적 사고의 조화
: 문제, 욕구, 결핍을 찾아라

미래에 인간은 기계와 반대편에 설 수 없다. 인간은 기계를 맘껏 의지하고, 이용하고, 활용하게 될 것이다. 무엇을 준비해야 할까? 1차적으로 기계언어와 기계사고가 필요하다. 그 중심에 '코딩'이 있다. 지금 전 세계는 코딩을 중요하게 생각한다. 특히 미국 오바마 대통령이 모든 학생들이 코딩을 배워야 한다는 발언을 해 화제를 모았다. 코딩은 "컴퓨터 작업의 흐름에 따라 프로그램의 명령문을 사용하여 프로그램을 작성하는 일. 일의 자료나 대상에 대하여 기호를 부여하는 일"이다.[8] 이런 이야기를 들으면 대부분 첫 번째로 '또 쓸데없는 과목이 늘었구나' 하고 생각한다. 프로그래머가 될 것이 아

---

8 네이버사전, '코딩'.

니라는 전제에서의 회의론이다. 그러나 이 문제는 그리 단순하지 않다. 두 번째로 드는 생각은 '초중고생이나 배우면 된다'는 것이다. 이미 정규교육을 마친 세대는 무용 지식이라고 생각한다. 과연 미래에도 이 생각이 유효할까?

두 가지 견해 모두 착각이다. 프로그래머나 앱 개발자가 되지 않더라도 미래에 코딩은 중요하다. 학생뿐 아니라 기성세대나 은퇴세대에도 코딩은 중요해질 것이다. 그럼 왜 코딩일까?

첫째, 코딩은 새로운 생산수단이 될 것이다. 역사적으로 로봇의 등장은 생산수단을 재편했고, 재편된 생산수단은 새로운 부의 이동을 유발했다. 미래도 변함없다. 미래의 코딩은 새로운 생산수단의 핵심이다. 반대로 코딩 능력이 없으면 새로운 생산수단을 활용하지 못하게 되고, 따라서 자본에서 소외될 것이다. 기업 입장에서도 마찬가지로 코딩 역량을 갖추고 인공지능과 로봇을 활용할 줄 아는 사람을 인재로 여길 것이다.

1900년대 산업혁명을 떠올려보자. 기계화는 새로운 생산수단의 혁명이었다. 산업, 부, 인재 등 모든 것의 혁명적 변화를 가져왔다. 어떤 사람이 인재였을까? 기계를 다룰 수 있는 사람이 인재였다. 손에 기름때 묻히며 기계를 고칠 수 있는 사람, 기계를 활용해서 제조업을 할 수 있는 사람이 인재였다. 2020년 이후 로봇과 인공지능은 산업혁명을 뛰어넘는 새로운 생산수단으로 등장할 것이다. 모든 것이 재편될 것이다. 그럼 코딩은 새로운 생산수단에 적응하기 위한 통과의례가 된다. 코딩을 이해하지 못하면 시작부터 장벽에 부딪힐 것이다.

둘째, 코딩은 새로운 언어이며 사고다. 코딩이란 기계가 사용하는 언어다. 지난 50년간 일본, 중국, 영미권의 사람들과 함께 일하기 위해 우리는 그들의 언어를 배웠다. 마찬가지로 미래에는 기계와 함께 일하기 위해 그들의 언어를 배워야 한다. 그 언어가 코딩이다. 생산수단으로 기계를 활용하고 기계와 협업하기 위한 언어로서 코딩을 사용하지 못한다면 당신은 새로운 부의 재편시대에 소외될 것이다. 기계와 소통할 수밖에 없는 시대가 오기 때문에 코딩교육은 누구에게나 필수다. 나이, 성, 국적에 관계없이 미래의 중요한 언어로서 접근해야 한다.

코딩은 언어일 뿐 아니라 사고기술이다. 컴퓨터가 작동하게 하는 사고의 체계라는 점에서 미래를 준비하는 이들에게 새로운 콘텐츠가 될 것이다. 그래서 글로벌 대학들과 기업들이 협력해 코딩을 대학교육에 적용하고 있다. 서울 연세대 대학원과 마이크로소프트연구소가 함께 '컴퓨터적 사고력'이라는 교육 과정을 개발했다. 나정현 교수는 "전문적인 프로그램 개발법을 가르친다기보다는 컴퓨터적 사고를 통해 닥쳐올 미래 문제에 대한 해결방법을 고민해보는 과목"이라고 설명했다.[9]

컴퓨터적 사고. 데이터를 수집하고 분류하고 재구조화하여 추상화하고 알고리즘을 따라 새로운 의미를 부여하는 컴퓨터적 방식은 코딩을 통해 배울 수 있으며, 새로운 생산수단을 활용하는 적극적인 차원의 기술이 될 것이다.

과거로부터 현재까지 그래왔듯이 미래에도 생산수단을 가진 자가 '부'를 점유할 것이며, 생산수단을 활용하는 자는 '인재'가 될 것이다. 새로운 부의 시대에 소외되지 않으려면 새로운 콘텐츠를 배워라. 물론 당신이 문명과 떨어질 계획이라면 상관없다. 그러나 보편적 관점에서 생산수단을 활용하길 원한다면 지금부터라도 '공부'해야 한다. 코딩으로 새로운 생산수단을 활용할 줄 아는 기계적 언어와 사고를 습득한다면 당신은 환상적인 일을 경험하게 될 것이다. 이런 측면에서 코딩이라는 언어는 인간과 기계를 연결하는 중요한 고리가 된다. 물론 새로운 부의 연결고리이기도 하다.

그런데 의문이 생긴다. 인간지능이 활성화되면 결국 코딩도 인공지능이 주관하는 영역이 될 텐데, 그러면 기계로 대체할 수 없는 인간의 역할은 어디에서 찾아야 할까? 그래서 한 가지 무기가 더 필요하다. 인문적 사고다.

인문적 사고는 인간의 이해를 바탕으로 인간이 가진 새로운 기술과 혁신의 문제, 욕구, 결핍을 찾아 해소하는 과정이다.[10] 우리의 기

9 "'컴퓨팅적 사고' 배우자… 대학가에 부는 'SW 교육' 열풍", 〈뉴스원〉, 2016년 3월 26일자.

10 최윤식, 《2030 대담한 미래》(지식노마드, 2013), 333~340쪽.

회는 이 부분에 있다. 크게 두 가지로 압축된다. 하나는 인문적 사고를 바탕으로 2020년 이후 소비자가 느낄 신산업의 문제, 욕구, 결핍을 찾아서 새로운 서비스를 하는 것이고, 다른 하나는 신산업을 활용해 소비자의 문제, 욕구, 결핍을 해결하는 것이다.

스탠퍼드 대학에 재학중인 19세의 조슈아 브로더 Joshua Browder 는 18세에 면허를 취득해 차를 운전하기 시작했다. 브로더는 억울하게 주차위반 딱지를 네 번이나 받게 되자, 벌금을 내지 않을 방법을 찾기 시작했다. 그가 선택한 방법은 당국에 항의편지를 보내는 것이었다. 변호사를 쓰자니 금액이 비쌌다. 그래서 그는 주차위반 경고장이 어떻게 발부되는지 수백 개의 정부문서를 찾아서 읽었다. 정부에 정보공개청구를 하기도 했다. 시스템을 이해한 브로더는 항의서한을 직접 써서 당국에 보냈다. 그리고 경고장을 취소시키는 데 성공했다. 그는 가족과 친구들의 주차위반 경고를 취소시키는 것을 도와주다가, 인공지능이 알아서 해주면 좋겠다는 생각을 하게 됐다. 브로더는 인공지능 로봇을 개발하기로 한다. 그는 어려서부터 코딩을 배워서 컴퓨터 프로그래밍에 능숙했다. 유튜브로 머신러닝 수업을 들으며 추가 공부를 했다. 석 달간 밤 12시부터 새벽 3시까지 코딩을 했다. 모르는 것이 있으면 머신러닝 전문가인 스탠퍼드 교수에게 직접 도움을 요청했다. 그리고 2015년 9월 '벌금내지마세요 DoNotPay. co.uk'라는 사이트를 완성했다. 이 사이트의 첫 화면에는 이렇게 쓰여 있다. "세계 최초의 변호사 로봇 The World's First Robot Lawyer."

이 사이트에서 대화형으로 상황을 설명하면 변호사가 써준 것 같은 항의서한이 자동으로 생성된다. 19세 청년이 혼자 힘으로 수천 명의 변호사를 대체하는 기술을 개발한 셈이다. 그가 주목한 것은 하나, 자신과 타인에게 있는 문제와 욕구와 결핍이었다. 그의 인공지능 로봇변호사는 16만 명이 사용했고, 약 40~50억 원에 달하는 주차위반 벌금을 내지 않을 수 있도록 도와주었다.[11]

인문적 사고로 만든 '닷워치'라는 제품도 있다. 이 제품은 세계 최초의 시각장애인용 스마트워치로, 스마트폰과 블루투스로 연결된다. 닷DOT 대표인 26세 김주윤 씨 작품이다. 창업 2년 반 만에 11개국에서 12만 대가량 선주문이 들어왔는데, 매출로 따지면 350억 원 상당이다. 닷워치를 주문한 사람 중에는 스티비 원더, 안드레아 보첼리 같은 유명인사도 있다. 미국 〈타임TIME〉지는 닷워치를 "시각장애인들의 생활을 완전히 뒤바꿔줄 제품"이라고 평했다.

개발까지는 순탄하지 않았다. 유학길에 올라 세 번 창업에 도전했지만 세 번 모두 폐업을 했다. 유학경비가 없어 결국 귀국할 수밖에 없었다. 어느 날 그는 시각장애인 친구의 목에 걸린 팔뚝만 한 점자 단말기를 보게 되었다. '일반인은 손에 쏙 들어오는 스마트폰을 쓰는데, 몸이 불편한 사람은 저런 불편을 감수하는구나' 하고 생각했

---

11 "영국의 19살 청년이 만든 인공지능 로봇변호사", 〈벤처스퀘어〉, 2016년 7월 26일자.

다. 점자 정보단말기는 가로 40센티미터에 무게가 2~3킬로그램이
며, 가격은 무려 300~500만 원에 달했다. 이것이 계기가 되어 그는
점자시계 아이디어 초안을 만들게 되었다. 그의 기술은 기존에 없던
기술이 아니다. 김주윤 대표의 설명에 따르면 닷워치는 자석에 코
일을 감는 기술로 점자핀을 움직이는데, 오디오 업계에서 흔히 쓰는
기술을 응용한 것이다. 그는 대중의 관심 밖에 있는 영역을 파고들
었고, 시각장애인들의 문제, 욕구, 결핍을 고민했다.[12]

국적, 기술, 환경은 더 이상 걸림돌이 되지 않는다. 기회를 포착
하는 데 가장 중요한 것은 인간의 관심과 태도다. 도처에 문제, 욕
구, 결핍은 존재한다. 미래 신산업이 등장해도 마찬가지다. 누가 먼
저 빠르고 신속하게 해결하느냐가 핵심이다. 문제, 욕구, 결핍 안에
새로운 가능성이 있다. 인문학을 통한 인문적 사고는 기계와 인간
을 연결하는 최적화 작업이 될 수 있다. 미래로 갈수록, 기계가 보편
화될수록 인간에 대해 생각해야 한다. 인간을 인간답게 하고 인간이
가진 본질적 문제, 욕구, 결핍에 집중해 인간과 기계를 연결한다면
보다 나은 미래의 가능성은 희망적이다.

---

12 "창업 3번 실패 끝 4번째 도전, 26세 한국청년 500억 매출 글로벌 대박", 〈잡아
라잡〉, 2016년 7월 24일자.

▶6 인간과 기계 사이에서

인간과 기계의 경계가 모호해지는 상황에서 인간이 살아갈 수 있는 돌파구를 찾는 것이 급선무다. 단순히 생겨날 직업, 사라질 직업이라는 프레임으로 이야기하는 것은 의미가 없다. 미래는 프레임으로 정해질 수 없는 영역이고, 빠른 변화 때문에 네이밍은 의미 없기 때문이다. 큰 영역에서 미래인간의 돌파구를 생각해보라. 핵심은 연결이다.

인간만이 할 수 있는 일
: 패턴 밖에서 해석하고 독창성을 발휘하라

인공지능과 로봇은 인간만큼 성장할 것이다. 심지어 인간보다 더 인간다워질 수도 있다. 불확실성은 인공지능이 얼마나 빠르게 발전하고 로봇은 얼마나 빠른 속도로 인간을 닮게 될지에 있다. 이 시점에 우리가 고민해야 할 문제는 '기계보다 더 잘할 수 있는 일이 무엇인가?'이다.

당장 10년 후 직업은 기계보다 잘할 수 있는 일에서 나오게 된다. 고도 지능을 필요로 하는 일, 질병 진단, 법률적 판례 분석, 운전 같은 경우 충분히 기계로 대체될 수 있다.[13] 기계가 인간보다 더 잘하기 때문이다. 인간만이 잘하는 일에 도전해야 한다.

---

13 "알파고 충격? 진짜 걱정은 따로 있다", 〈주간동아〉, 2016년 3월 16일자.

기계의 핵심 기능은 패턴화다. 패턴을 찾아내고 분석해 알고리즘을 만든다. 기계가 가장 빠르고 정확하게 잘할 수 있는 영역이다. 이 영역에서 인간은 기계와 대적할 수 없다. 미국 방위고등연구계획국(DARPA)은 매년 '재난구조 로봇 올림픽'을 개최하는데, 2015년에는 우리나라 휴머노이드 로봇 기술의 상징인 카이스트의 '휴보'가 우승했다. 기술과 패턴의 승리였다. 알고리즘과 패턴이 가능한 일들은 결국 로봇에게 위임해야 할 것이다.

구글은 알파고를 개발하는 데 4,000억을 투자했다. 구글은 알파고를 통해 무엇을 하려는 것일까? 구글은 한편으로는 머신러닝 기술을 활용해 섬세한 자연어 처리 능력을 갖춘 음성비서 서비스 '구글 어시스턴트'와 이를 가정용으로 확장한 '구글 홈' 등 플랫폼을 개발하고, 다른 한편으로는 알고리즘을 실용화하는 전략을 동시에 구사하고 있다. 후자에 있어 구글은 두 개의 프로젝트를 진행중이다. 첫째는 투자다. 딥러닝보다 한층 강화된 알고리즘을 이용한 인공지능 학습법 DQN(Deep Q-network)을 활용해 월스트리트 투자자들의 투자방식을 패턴화하려 한다. 정확히 말하면 최고 투자자들의 뇌를 매핑mapping할 계획이다. 매핑으로 투자의 패턴을 찾고 알고리즘화해서 최고의 투자 인공지능을 개발하려는 것이다. 또 하나는 인공지능을 이용한 코딩 프로그램이다. 코딩은 데이터를 패턴화하는 작업인데, 현재는 수작업으로 이루어진다. 실수를 하면 수천 줄의 코드를 다시 확인하고 수정해야 한다. 그런데 코딩을 인공지능이 하게 되면 혁명적 변화가 나타날 것이다. 사람이 한 달 동안 작업해야 할 코딩을 인공지능은 단 30분 안에 끝내버릴 수도 있다.[14]

그렇다고 코딩과 관련된 직업이 사라지는 것은 아니다. 초기에 코딩이 가능한 인공지능은 전문가의 어시스턴트 역할 정도에 머물 것이다. 사람이 코딩을 하면 인공지능이 검수하거나 오류를 수정하게 될 것이다. 그러나 좀 더 발전하면 어시스턴트 수준을 넘는 역할 교대가 일어날 수도 있다. 전문가가 아이디어를 내면 코딩은 인공지능이 수행하는 것이다. 따라서 단순 코딩과 관련된 직종은 그 수가 급감할 수 있다는 가능성을 염두에 두어야 한다. 그 틈새에서 살아남을 경쟁력이 있다면 문제가 되지 않겠지만, 기계와 맞서 이길 수 있는 역량에 한계가 있다면 새로운 분야에 대해 생각해보는 것도 필요하다.

코딩을 예로 들었지만, 세상에는 코딩 못지않게 패턴화하고 알고리즘화할 수 있는 것들이 많다. 사라질 것이라고 회자되는 직업군들이 대부분 이 영역에 속한다고 보면 된다. 그래서 준비가 필요하다. 기계가 패턴화하고 알고리즘화할 수 없는 일을 찾아야 한다. 바로 인간만이 할 수 있는 고유의 영역이다. 물론 '당분간'이라는 전제가

---

14 김대식, 《김대식의 인간 vs 기계》, 179~182쪽.

필요하지만, 인간이 계속 유지할 수 있는 영역이 있다.

예를 들면 감성적 예의가 필요한 서비스 영역이 그렇다. 기계도 예절을 갖추겠지만, 타자의 마음을 헤아리고 정성이 깃든 몸짓과 손짓과 눈짓을 해 보이기란 당분간은 쉽지 않을 것이다. 그리고 고급 서비스업일수록 상황에 따른 섬세함을 요구하게 마련이다. 거짓말이 필요한 영역도 있다. 기계는 거짓말하도록 프로그래밍되지 않을 것이란 전제하에서다. 우리의 일상에는 하얀 거짓말이 필요한 영역이 많다. 육아·돌봄 서비스 중 식사를 거부하는 아이들과 실랑이를 하거나 시장에서 가격을 흥정하고 덤을 주는 과정, 그리고 대기업의 비즈니스 테이블에서도 거짓말이 오간다. 이런 전제로 본다면 거짓이 필요한 긍정적 영역도 새로운 돌파구가 될 것이다.

이른바 3D로 분류되는 직군도 아직은 가능성이 있다. 더럽고dirty, 위험하고dangerous, 어려운difficult 일이다. 기계가 3D 직업을 대체할 수 있다는 반론도 있지만, 3D 직종을 대체하기에는 기술이 더 디테일하게 발전해야 한다는 아이러니가 있다.

물론 장인의 영역은 기계가 대신할 수 없다. 장인이 가진 고도의 디테일은 가장 강력한 무기가 될 것이다. 자신의 직종에서 장인의 수준으로 올라갈 수 있도록 준비해야 한다.

인간이 기계와 승부를 걸어볼 만한 분야가 있다. 스토리텔링story-telling이다. 단순히 이야기를 한다는 개념을 넘어, 사물을 재해석하고 다르게 보는 작업을 뜻한다. 재해석과 재해석을 연결해 새로운 창조를 이루어내는 활동도 가능하다. 인간은 충분히 창의적이다. 개인과 집단의 창의성을 활용한다면 엄청난 가능성이 열리게 될 것이다. 인간의 가능성을 의심하지 말아야 한다.

인간이 가진 직관과 통찰은 세상의 이치, 구조, 흐름을 파악해 해석하는 놀라운 능력이다. 직관과 통찰은 새로운 데이터를 만들고 조합해 새로운 아이디어를 만들어낸다. 미래에 창조적 재해석 경쟁이 벌어질 때, 직관과 통찰로 경쟁력을 삼을 수 있다. 우리에게 주어질 미래의 무기인 3D프린터, 드론, 나노, 바이오, 우주항공 기술 등을 잘 활용해 세상에 없던 혁신을 현실화시킬 수 있다면 놀라운 미래가 펼쳐질 것이다.

직관과 통찰은 개인 간 경쟁의 중요한 변수가 될 뿐 아니라 개인과 기계의 경쟁에서도 변수가 될 것이다. 어차피 우리는 영원히 경쟁하겠지만 기계라는 새로운 경쟁자가 나타났음을 인정해야 한다. 화가, 조각가, 사진작가, 지휘자, 연주자, 작곡가, 의사, 변호사, 약사 등 모든 직업인이 기계와 경쟁해야 한다. 뉴브레인이 될 기계와 맞서 이길 수 있는 직관과 통찰이 필요하다.

나만의 레서피를 가져야 한다. 물론 레서피는 카피되게 마련이다. 누구도 흉내 낼 수 없는 레서피는 없다. 단 먼저 시작한 레서피는 남들보다 먼저 업그레이드가 가능한 정도다. '따라올 테면 따라와봐' 하는 자신감이 생길 수 있게 업그레이드해야 한다. 나만의 것을 만드는 데서 그칠 것이 아니라, 끊임없이 혁신해야 한다. 쉽지는 않다. 달콤한 결과를 얻기 위한 과정은 쓰다. 지치고 어려워서 포기하고 싶다. 따라서 이런 레서피를 가질 수 있으려면 반드시 자신이 좋아하는 일을 해야 한다. 좋아하면 힘들고 어려워도 극복할 가능성이 높다.

일단 무엇부터 해야 할까? 아시아미래인재연구소에서는 일곱 가지로 나누어 조언한다. 아주 간단하다. 먼저 당신이 가장 좋아하는 것이 무엇인지를 파악하라. 그리고 지금부터 그 분야와 연관된 다양한 독서와 토론을 즐겨 하라.

1. 관심 분야의 전문가를 만나서 전문가가 되는 빠른 길에 대한 조언을 들어라.
2. 관심 분야와 관련된 잘 알려진 두세 군데의 단체에 가입하고 학회, 세미나 등의 정기적인 모임에 참석하라.
3. 관심 분야의 베스트셀러 서너 권을 읽고 각각에 대해 한 페이

지로 요약하라.

4. 관심 분야의 내용을 직간접적으로 다룬 방송자료들을 케이블 TV나 IPTV, 인터넷 등에서 찾아서 보고 각각에 대해 한 페이지로 요약하라.

5. 당신 주위에 있는 사람들을 대상으로 하든지, 인터넷 카페나 관공서, 주민센터를 통해 광고를 해서 사람들을 모집하든지 해서 1~3시간짜리 무료 세미나를 열어라. 강의 장소는 모임형 카페를 통해 얼마든지 저렴한 가격에 구할 수 있다.

6. 당신의 주제와 관련된 업계의 전문지나 인터넷 신문사 한두 곳에 글을 기고하겠다고 제안해보라. 당신의 전문성이나 경력을 의심하면 잘 알려진 전문가를 인터뷰하여 기사를 쓰겠다고 하라. 한 번만 하고 나면 당신의 이력에 기고가라는 타이틀이 덧붙여진다. 여기까지는 단기적으로 전문분야로 진입하는 기술이다.

7. 이후로 1만 시간을 투자하여 진정한 전문가로 거듭나라. 어느 분야든 세계적인 전문가가 되는 데는 대략 1만 시간이 필요하다.

인간과 기계 사이의 일
: 기계를 작동시키고 기계와 협업하라

모든 영역이 혼재되고 경계가 파괴되면서 새로운 질서를 부여하고 있다. 미래의 자동차는 전자제품으로 분류될 것이다. 나노기술이 바이오기술과 연결되고, 정보통신기술과 바이오기술이 결합해 새 질서가 진행될 것이다. 로봇은 인공지능과 만나 새로운 혁명을 일으키고 세상 모든 것은 통제할 수 없는 정보를 쏟아낼 것이다.

인간과 기계의 경계가 모호해지는 상황에서 인간이 살아갈 수 있는 돌파구를 찾는 것이 급선무다. 단순히 생겨날 직업, 사라질 직업이라는 프레임으로 이야기하는 것은 의미가 없다. 미래는 프레임으로 정해질 수 없는 영역이고, 빠른 변화 때문에 네이밍은 의미 없기 때문이다. 그래서 필자는 큰 영역에서 미래인간의 돌파구를 생각해 봤으면 한다. 핵심은 연결이다. 이 연결도에서 인간의 기회가 발생할 텐데, 연결도는 세 가지로 구분해 설명할 수 있다.

기계를 유지·보수하는 영역을 찾아라

인간은 기계를 활용해 모든 연결을 분석하고 진단하고 처방하여 새로운 미래를 열어갈 것이다. 기술의 혜택 앞에 윤리적·도덕적 결핍, 갈등과 분쟁이 있겠지만 새로운 인류는 결국 기계의 혜택을 마다할 리 없다. 더 편해지고, 더 쉬워지고, 궁극적으로 더 자유로워지는 지름길이기 때문이다. 자유로워진 인간은 시간을 얻고 도시를 얻고 참된 자아를 찾아갈 것이다. 그 중심에 기계가 있다. 가정과 일터와 놀이터에 기계가 있을 것이고, 가정과 일터와 놀이터를 연결하는 공간에 기계가 있을 것이다.

많은 기계들이 사용되고 고장 나고 버려질 것이다. 빈자리에 더 좋은 기계가 들어오고 사용되고 고장 나고 또 버려질 것이다. 그 사이에 고장 난 기계와 버려진 기계를 수리하고 처분하고 재생산하는 과정이 있다. 기계는 만들어지는 만큼 수리되고, 수리된 만큼 버려진다. 이 과정에서 특정 역할은 사람이 해주어야 한다.

에어컨, 세탁기, 냉장고, TV, 컴퓨터 등 다양한 가전을 고쳐온 기술자들이 지금보다 더 다양한 학습과 기능을 준비한다면 드론과 3D 프린터가 대중화된 기계 시대에도 더 많은 역할을 할 수 있을 가능성이 있다. 미래자동차 산업에 뇌과학자가 필요하듯, 미래자동차 정비업소에는 전자장비 전문가가 필요할 것이다. 두 가지를 혼자 하든 여럿이 분업하든 중요하지 않다. 기계의 다양한 메커니즘을 이해하고 서비스할 수 있는 사람이 필요하다는 것을 이해해야 한다. 기계는 수도 늘어나지만 종류도 다양해질 것이기 때문에 지속적으로 학습과 훈련을 요구한다. 1인 1로봇 시대가 될 때 로봇에 대한 이해와 정비 실력이 없다면 더 이상 자신의 직업을 유지할 수 없을 것이다.

특히 은퇴를 앞두고 있다면, 은퇴 이후에 재취업을 해야 한다면 잘 생각해보자. 50대 은퇴자들은 재취업을 하더라도 은퇴 이전 수준의 고용과 연봉이 쉽지 않다. 준비하지 않는다면 비정규적이나 일용직 이외에는 대안이 없다. 어떻게 할 것인가? 기계에 대한 전문기술이 대안이 될 수 있지 않을까? 새로운 기계기술을 배우고 준비해야 한다. 일하는 노인 시대가 개막되었다. 세계경제포럼(다보스포럼) 전략예측그룹의 크리스텔 판 데르 엘스트Kristel Van der Elst는 "인간의 수명이 단순히 연장되는 데서 그치지 않고, 늙어서도 건강을 유지하게 된다면 인류는 이제 삶의 구성 패턴을 재고해야 할지도 모른다"고 했다.[15]

새로운 영역보다는 잘 아는 영역에서 도전하는 편이 쉬울 수 있다. 자신의 분야에서 계속적인 업그레이드 영역을 발견해 세상과 보

---

15 "일자리의 미래, 희망적 시선 3가지", 〈한겨레〉, 2015년 2월 25일자.

폭을 맞추어 걷는 것이 탁월한 전략일 것이다. 막연한 두려움보다 자신의 역량을 진단하고 반걸음 먼저 걸어갈 수 있는 실력을 키워나가길 권한다.

기계와 협업하는 곳에서 일하라

미래인간은 기계와 함께 살아갈 것이다. 기계와 함께하는 세상이란 인간이 가정, 직장, 놀이터에서 전방위적으로 기계의 도움을 받는 세상이다. 지금도 너무 많은 전자기기로 인한 신체적·정신적 부작용에 대한 염려가 있고, 그에 따라 디지털 디톡스를 제안하고 실천하는 움직임도 있다. 그런가 하면 기계화로 인해 직업 자체가 사라질 것이라는 우려도 있다. 일본 노무라 연구소와 영국 옥스퍼드 대학 공동 연구에 따르면 10~20년 후 일본 근로자 직업의 49%가 기계로 대체될 것으로 분석되었다.[16] 사무원, 택시 운전사, 호텔 객실담당, 경비원, 마트 계산대 점원, 은행 창구직원 등 로봇 투입으로 생산성이 향상될 수 있는 분야, 즉 인건비를 낮추어 수익을 극대화할 수 있는 영역에서 변화가 감지된다는 것이다. 정말 그렇게 될지

---

16 "日 직업 절반, 10~20년 후 기계·인공지능이 대체", 〈뉴시스〉, 2015년 12월 2일자.

알 수 없지만, 한편에서는 수익률을 극대화하려는 욕구가 있을 것이고, 다른 쪽에서는 인권과 자유, 노동의 권리를 추구하고 사회구조적 모순에 저항하려는 욕구가 있을 것이다. 따라서 그 접점에 기계와 인간이 같이 활동할 수 있는 영역이 존재할 수 있다. 이런 영역에서는 기계와의 공존을 모색해야 한다.

100엔 스시로 유명한 일본의 초밥체인점 '쿠라스시'에는 요리사가 없다. 하루 700명이 넘는 손님이 오지만 초밥은 로봇이 만든다. 로봇은 1시간에 3,600개의 초밥을 만들 수 있다. 사람보다 다섯 배나 속도가 빠르다. 사람이 하는 일은 대부분 서빙과 청소로, 단순 아르바이트 직원이 맡는다.[17] 인간과 기계의 협업시대가 시작되었음을 보여주는 사례다. 미래에 협업 범위는 지금보다 넓어질 것이다.

인간과 기계가 함께하는 세상에서 인간에게 반드시 필요한 것은 기계 활용능력이다. 지금까지는 컴퓨터 활용능력이 중요했다. 필자도 지금 컴퓨터 앞에 앉아 키보드를 두드리며 글을 쓰고 있다. 상당히 빠른 속도로 글을 쓰는 중이다. 만약 빠른 타이핑 능력과 문서편집 능력이 없었다면 글을 쓰는 것이 여간 까다롭지 않았을 것이다. 이처럼 기계 시대에는 기계 활용능력이 필요하다. 기계와 살아가는 시대에 기계를 다루고 활용할 수 있는 능력을 갖추지 못한다면 경쟁

---

17 KBS 명견만리 제작팀, 《명견만리: 인구, 경제, 북한, 의료 편》(인플루엔셜, 2016), 105쪽.

에서 뒤처지게 된다. 앞으로는 다양한 기계 활용능력을 검증하는 시험이 생길지도 모른다. 3D프린터와 드론 활용능력이 기본과정이고, 웨어러블 로봇장비 활용능력이 선택과정인 자격증을 채용조건으로 원할 수도 있다.

기계와 파트너가 되어 창의적 생산성을 높여라

인공지능에 대해서는 여전히 기대만큼 우려가 있다. 이처럼 상반된 견해가 나타나는 것은 인공지능에 대한 이해가 없기 때문이다. 인공지능은 강인공지능과 약인공지능으로 분류된다.

우리가 우려하는 인공지능은 강인공지능이다. 강인공지능은 자아를 갖게 된 인공지능을 의미하는데, 스스로 데이터를 찾고, 분석하고, 이해하고 학습해간다. 그런데 자아를 갖게 되면 인공지능은 인간이 정해놓은 규칙을 벗어나, 독립적인 방식으로 판단하고 실행한다. 과학계가 우려하는 것이 이 부분이다. 만약 자아를 형성한 인공지능이 인간의 역사를 바탕으로 현재까지 인간의 패턴을 분석한다면, 인간의 시기와 질투, 탐욕, 욕망으로 나타난 살육과 전쟁, 이기심이 지구에 가장 위험하다고 판단한다면? 인공지능은 지구의 안전을 위해 인간을 통제하려 들지 않을까? 하지만 과학자들은 이런 걱정이 너무 지나치다고 생각한다.

강인공지능

- 다양한 분야에서 보편적으로 활용
- 알고리즘을 설계하면 AI가 스스로 데이터를 찾아 학습
- 정해진 규칙을 벗어나 능동적으로 학습해 창조 가능

약인공지능

- 특정 분야에서만 활용 가능
- 알고리즘은 물론 기초 데이터·규칙을 입력해야
- 이를 바탕으로 학습 가능, 규칙을 벗어난 창조는 불가

자료 보스턴컨설팅 · 가트너 · 세계경제포럼

---

18 "알파고는 인간 돕는 약AI… 자아 갖는 강AI는 먼 얘기", 〈중앙일보〉, 2016년 3월 12일자.

알파고와 왓슨 같은 인공지능은 아직 약인공지능이다. 알파고와 왓슨은 특정한 목적을 달성하기 위해 개발되었다. 생산성을 높이고 인간의 물리적·신체적 한계를 극복하는 대안으로 연구되어 이미 다양한 분야에 활용되고 있다. 약인공지능은 광범위하게 사용되고 있지만 인간의 지시에 따라 움직일 뿐 스스로 생각하고 문제를 해결하는 것은 불가능하다. 물론 강인공지능이 불가능하다는 말은 아니다.

강인공지능이 가능한지 여부에 대해서는 이견이 있다. 인공지능이 과연 자의식을 가질 수 있을지는 시간을 두고 지켜봐야 한다. 레이 커즈와일은 2030년경 인공지능의 특이점이 올 것이라고 주장한다. 반면 세계AI학회에서 '혁신응용상'을 수상한 이경전 교수는 "인공지능의 발전 속도가 우리 사회의 공론화 속도를 앞서면서 낯선 기술에 대한 공포가 나오고 있는 것이다. 인간이 시킨 일을 더 잘하게 되는 것이지 스스로 자의식을 갖는 것은 가까운 미래에도 불가능하다"고 말했다.[19] 따라서 우리에게 남겨진 과제는 인공지능을 잘 활용하는 것이다.

여기서 말하는 인공지능과 기계의 활용은 앞서 언급한 기계와의 협업과는 깊이가 다르다. 협업은 기계가 인간 신체 일부로서 기능하거나 단순히 인간에 의해 작동되는 차원이었다면, 지금 언급하는 기계의 활용은 창의적 생산성을 높이는 차원에서의 파트너십을 의미

---

19 "알파고는 인간 돕는 약AI… 자아 갖는 강AI는 먼 얘기".

한다.

미래에는 기계를 일종의 파트너십으로 대하고 협업해야 한다. 신체의 보조수단을 넘어서는 협업이다. 인공지능을 사용해 아이디어를 만들어내고, 새로운 아이디어에 대한 생각을 나눌 수도 있다. 연세대학교 컴퓨터과학과 조성대 교수는 "인간과 인공지능은 상호보완적인 협업이 가능하다"고 강조했다. 이것이 가능한 까닭은 인간이 잘하는 일과 기계가 잘하는 일의 영역이 다르기 때문이다.[20] 인공지능과 협업하게 되면 노동 시간이 줄어들뿐더러 짧은 시간 안에 다양한 솔루션을 얻을 수 있다.

미래인간은 기계와 파트너가 될 것이다. 기계를 차갑고 냉정한 도구 정도로 생각하지 말고, 함께 호흡하고 소통하는 동료로 받아들여야 한다. 그래서 기계어와 기계적 사고가 우리에게 필요한 것이다. 지금부터 잘 준비해야 한다. 기계와의 협업을 통해 창의적 생산성의 극대화를 이룰 수 있길 바란다.

---

20 "인공지능과의 협업시대, 사회도 업그레이드하라", 〈한국일보〉, 2016년 3월 12일자.

기계를 지배하는 일
: 로봇을 만들고, 투자하고, 창조하라

이것도 저것도 나의 길이 아니다 싶다면, 당신이 로봇을 창조하면 된다. 어렵고 불가능하다고 생각할 수 있다. 그러나 절대 불가능한 영역은 아니다. 관점의 차이일 뿐이다.

필자는 '로봇을 창조한다'는 개념을 '내가 직접 내 손으로 만든다'는 개념으로 국한하고 싶지 않다. 새로운 차원에서 개념을 확장할 것을 권한다. '로봇을 창조한다'는 것은 세 가지 관점에서 가능하다. 첫째는 창업, 둘째는 투자, 셋째는 직업이다.

창업 영역에서는 직접 스타트업을 설립하고 자본을 투자해 연구진을 구성함으로써 새로운 기계를 만들 수 있다. 능력이 된다면 스타트업을 권한다. 미래는 기계가 세상을 바꾸고 인간은 세상을 바꿀 기계를 만드는 벤처의 세상이 될 것이다. 생활밀착형 산업은 이미

포화상태지만, 미래산업의 가능성은 무궁무진하다. 소셜 네트워크 서비스, 온오프라인 연결 비즈니스(O2O), e커머스를 표방하는 다양한 스타트업이 생활, 교육, 의료, 건강 등의 분야에서 시작되고 있다. 그중 가장 큰 부를 얻을 수 있는 분야가 기계, 로봇이다. IBM 왓슨 기술개발책임자(CTO) 롭 하이Rob High의 말처럼, 로봇은 5~10년 안에 인간의 삶을 근본적으로 바꿔놓을 대박 아이템이다.[21] 인공지능과 로봇으로 부의 균형이 달라질 것이다. 능력이 있는데 이런 기회를 놓친다면 큰 후회를 하게 될 것이다.

스타트업을 하고 싶지만 여러 이유로 할 수 없는 경우가 많다. 로봇 분야에 엄청난 가능성이 있다는 것을 알지만 재능이 없고 용기가 없고 그만한 자본이 없을 수 있다. 하지만 여건상 스타트업에 도전할 수 없다고 해서 좌절할 이유는 없다. 투자라는 대안이 있기 때문이다. 나는 할 수 없지만 재능이 있는 자들이 시작한 좋은 스타트업에 동참하는 방법이 바로 투자다. 투자는 과거, 현재, 미래를 관통하는 가장 좋은 산업이다. 단순히 대박을 노리는 도박으로 접근해서는 안 된다. 미래의 투자는 도박이 아니라 대안이 되어야 한다. 투자를 하려면 좋은 안목이 필요하다. 나를 아는 통찰, 시대를 아는 통찰, 경쟁자를 아는 통찰이 필요하다. 통찰적 안목을 가지고 접근하는 재

---

[21] "IBM 'AI, 10년 안에 인간의 삶을 근본적으로 바꿀 것'", 〈뉴시스〉, 2016년 3월 16일자.

능이 있다면 창업 대신 투자가 적합한 대안이 될 것이다.

마지막으로 직업이 있다. 스타트업을 할 여건이 충분하지 않고, 투자를 할 만한 통찰력도 없다고 해도, 가능성이 없는 것이 아니다. 로봇을 주력으로 하는 좋은 기업이 있다면, 직접 공동체의 일원이 되어 자신의 재능을 발휘하면 된다. 이 부분은 진입장벽이 상대적으로 높지 않다. 열정이 있다면 직업 교육, 오픈스쿨 등 다양한 루트를 통해 기술을 습득해가길 바란다.

PART 4

21세기
인재의 조건

▶7 미래를 위한 계획, 전략, 원칙

10년 뒤 사라질 직업, 생겨날 직업 같은 이야기에 현혹되지 마라. 특히 새로운 직업 운운하는 것은 정말 무익하다. 이유는 간단하다. 우선, 실체가 없는 직업에 이름을 붙이는 것은 의미가 없다. 게다가 생각보다 빠른 속도로 변화하는 시대에는 새로 생겨난 직업도 금세 사라질 가능성이 높다.

성공과 실패를 가르는 차이
: 수에즈 운하와 파나마 운하

지금은 21세기다. 그러나 여전히 20세기의 방식과 사고로 21세기를 대면하는 사람들이 있다. 상황의 변화에 적응하지 못한 채 예전 방식을 고수하면 어떤 참상이 벌어질까? 19세기 수에즈와 파나마 운하 건설을 둘러싼 사건이 이를 단적으로 보여준다.

수에즈 운하는 1859~1869년 프랑스의 페르디낭 마리 드 레셉스 Ferdinand Marie de Lesseps에 의해 건설되었다. 레셉스는 관리 집안에서 태어났다. 1825년 리스본 주재 부영사 보좌관에 임명되었고 1828년 튀니스, 1832년 알렉산드리아에 파견되었다. 알렉산드리아 파견은 그의 인생을 완전히 바꿔놓는 일생일대의 사건이 된다. 그곳에서 그는 흥미로운 책 하나를 발견한다. 18세기 말 나폴레옹 Napoleon I과 함께 이집트를 횡단했던 그라티앵 르 페르 Gratien Le Père라는 기술자의 방명록이었다. 거기에는 나폴레옹이 영국을 견제하는 차원에서 수에즈 해협을 통과하는 운하를 건설하기로 계획했다는 내용이 들어 있었다. 그러나 홍해와 지중해의 수위가 10미터 정도 차이가 나는 탓에 운하 건설은 불가능했다.

레셉스의 눈이 번뜩였다. 그때는 불가능했지만, 지금은 다르다는 생각이었다. 그는 노력했다. 이집트와 네트워크를 만들고, 왕실과 친분을 쌓고, 자본을 끌어모았다. 1854년 11월 30일 이집트 부왕 사이드 파샤Saïd Pasha는 레셉스에게 수에즈 운하 건설 권한을 부여했다. 1856년 레난트 베이Renant Bay와 무겔 베이Mugel Bay가 설계한 지중해와 홍해를 잇는 도면이 국제기사위원회에서 채택되었다.

1859년 4월 25일, 수에즈 운하는 역사적인 첫 삽을 떴다. 곳곳에 어려움이 있었다. 사막에서 음식과 식수가 모자라기도 했고, 영국이 운하 건설을 거부한 적도 있었다. 사막의 약한 지반을 이겨내야 했다. 매일 1만 4,000대의 짐수레를 이용해 수작업으로 모래를 실어 날랐다. 약 100킬로미터 거리의 맨땅을 파야 했다. 운하 건설을 위해 총 5만 명이 투입되었고, 10년 동안 9,000명이 희생되었다. 그러나 온갖 역경 끝에 1869년 8월 15일, 드디어 홍해 물이 운하를 타고 비터 호수와 맞닿게 되었고, 지중해로 통하는 물길이 열렸다. 37년에 걸친 무모한 계획이 현실이 되는 순간이었다. 그는 64세가 되었다. 인생의 절반을 수에즈 운하와 함께했다. 이 노장은 세계의 지형도를 바꾸어놓았다. 수에즈 운하의 성공으로 레셉스는 엄청난 부와

명예를 얻게 되었다. 그런데 여기서 끝이 아니었다.

수에즈 운하에서 성공을 경험한 64세의 레셉스는 새로운 계획을 세운다. 목표는 바로 파나마였다. 파나마는 지정학적으로 굉장히 중요한 위치에 있다. 거대한 북아메리카와 남아메리카 사이에 있는 파나마는 운하가 성공할 경우 수에즈 운하를 넘어서는 막대한 효과를 얻을 수 있는 곳이다. 예를 들어, 샌프란시스코에서 뉴욕까지 선박이 이동할 경우 남아메리카를 빙 둘러 2만 900킬로미터를 이동해야 한다. 하지만 파나마 운하를 이용하면 8,370킬로미터만 운행해도 뉴욕에 도착할 수 있게 된다. 파나마 운하가 건설되면 남아메리카의 선박들이 운하를 이용하면서 시간적·경제적 이익을 얻을 수 있다는 계산이 섰다.

레셉스는 7년 안에 공사를 끝내겠다고 호언장담했다. 그는 자신의 경험을 믿었다. 그러나 1880년 공사를 시작하자, 곧 어려움에 직면하게 되었다. 파나마 운하는 80킬로미터로 수에즈 운하에 비해 짧았지만 지리적 조건은 완전히 딴판이었다. 파나마의 지반은 언덕과 암반으로 이루어진 험지인데, 장비는 열악했다. 중간에 산맥까지 끼어 있어 해수면 높이도 달랐다. 첩첩산중이었다. 레셉스가 파나마를 너무 만만히 본 것이다. 게다가 1880년 우림지역에는 복병이 있었으니, 바로 말라리아였다. 사망한 노동자만 2만 8,000명이었다. 비용은 기하급수적으로 늘어갔다. 레셉스는 선택해야 했다. 더 끌고 갈지, 그만둘지. 결국 레셉스는 엄청난 빚을 지고 파산했다. 그의 마

그림 7–1 수에즈 운하 건설의 기대효과[1]

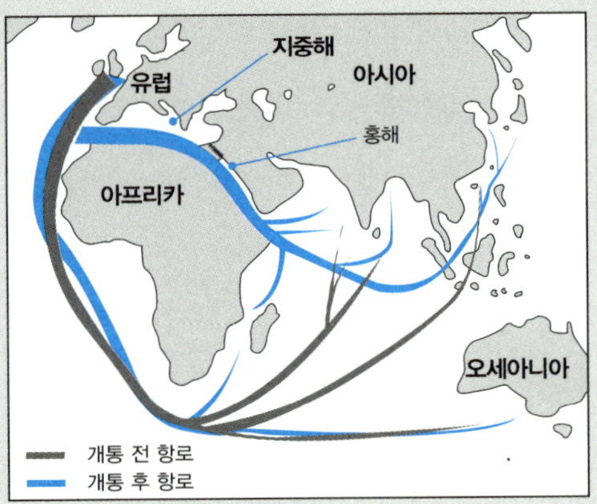

그림 7–2 파나마 운하 건설의 기대효과[2]

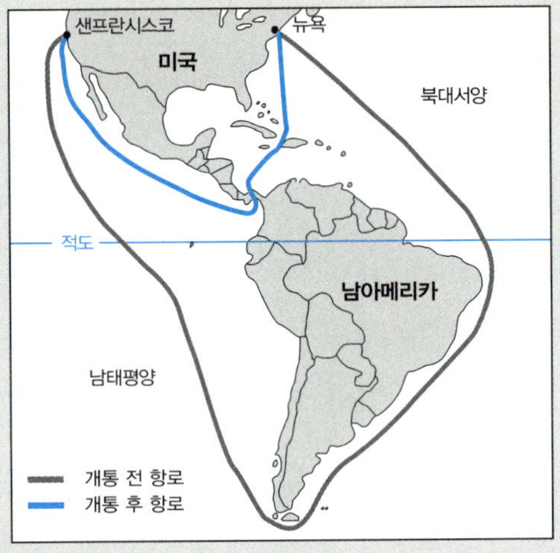

---

1   다음백과, '수에즈 운하'.
2   나무위키 미러, '파나마 운하'.

지막은 처참했다. 파나마 운하는 1903년 미국이 프랑스로부터 운하 굴착권을 인수한 이후 1914년에야 완공되었다.

미래를 위한 세 가지 교훈이 있다. 첫째, 모든 조건은 달라진다. 상황은 변한다. 앞의 사례에서 레셉스는 지리적 조건을 보지 못했다. 수에즈와 파나마는 둘 다 운하 건설 예정지이긴 했지만, 같은 조건이 하나도 없었다. 수에즈 지역은 사막이었고, 파나마 지역은 열대우림지대였다. 사막은 건조하지만 열대우림지대는 습하다. 사막의 지반은 모래지만, 파나마는 언덕과 암반으로 이루어졌다.

지리적 위치뿐 아니라 시대적 흐름과 정치·사회·문화적 변화 등 모든 것이 변수이다. 그리고 플레이어에 따라서 모든 것은 달라질 수 있다.

두 번째, 현재의 정보를 필터링해야 한다. 상황은 가변적이지만, 상황을 둘러싼 데이터를 좀 더 면밀히 관찰하면 돌파구를 만들 수 있었다. 레셉스도 수에즈에 도전할 때는 분명 데이터를 기반으로 했다. 레셉스가 발견한 기록에 따르면, 나폴레옹이 수에즈 운하 건설을 포기한 이유는 홍해와 지중해의 수위 차이에 있었다. 그러나 레셉스는 홍해와 지중해의 수위를 다시 측량해, 놀랍게도 홍해와 지중해는 수위 차이가 없다는 것을 발견했다.[3] 이처럼 객관적인 데이터를 수집한다는 것은 새로운 가능성을 여는 일이다. 하지만 파나마에

3　"수에즈운하", 〈한겨레〉, 2011년 2월 1일자.

서는 달랐다. 기초조사에 실패했다. 가툰 호수와 미라플로레스 호수의 수위차가 16미터에 이른다는 사실도, 암반과 언덕에 대한 지리적 데이터도 확보하지 못했다. 기후 조건도 고려하지 않았다.

우리도 매일 데이터를 추적하고 분류하고 수집해야 한다. 미래는 현재 데이터의 결과물이다. 데이터들 간에 어떤 변화가 있는지 면밀히 검토해야 한다. 그래야 미래를 대비할 수 있다.

세 번째, 성공에 대한 자만을 버려야 한다. 성공은 또 다른 성공을 만들기도 하지만, 성공에 눈이 멀어 현실을 직시하지 못하게 하기도 한다. 레셉스는 성공 이외에는 아무것도 눈에 보이지 않았다. 성공을 전제로 기초조사, 상황 변화를 무시했다. 자만하면 성공할 수 있는 조건만 찾는다. 실패할 수 있는 가능성은 무시한다. 파나마에서 그가 본 것은 수에즈보다 짧은 공사구간이었다. 수에즈는 공사구간이 100킬로미터에 이르렀지만, 파나마는 80킬로미터에 불과했다. 100킬로미터 운하를 건설해본 사람이 고작 80킬로미터를 두려워할 리 없다. 당연히 그에게 파나마 운하 건설은 7년이면 충분히 끝낼 수 있는 일로 보였다.

지금 우리 개인들이 실기하는 이유는 과거의 성공에 눈멀었기 때문이다. 한국은 50년의 성공, 한강의 기적에 자만하고 있다. 새로운 시작은 달라야 한다. 20세기 방식을 21세기에 적용할 수 없다. 미래는 과거 기준의 인재를 필요로 하지 않는다. 이제 눈을 뜰 때다. 지나간 성공을 돌아보지 말고, 고개를 돌려 다가오는 시대를 봐야 한다.

미래인재전쟁에서 살아남기 위한 세 가지 전략적 판단

점점 치열해질 미래인재전쟁에서 살아남기 위해서는 전략적 판단이 중요하다. 전략적 판단을 통해 자신의 역량을 최대치로 끌어올려야 한다. 그래야 생존할 수 있다. 그럼 어떤 전략이 필요할까? 크게 세 가지로 설명할 수 있다.

생존의 1차 관문은 선택이다

지난 50년은 선택의 시대가 아니었다. 국가나 기업 혹은 리더가 이끌면 따라갔던 시대다. 중동 건설현장에 투입되었고, 베트남에 파병되었다. 독일에서 석탄을 캐고 간호를 했다. 그리고 우리는 다양한 것을 얻었다. 그들이 들이마신 모래바람만큼 이득을 얻었고, 피 흘린 만큼 보상을 받았다. 누구는 이것도 선택이었다고 말할 수 있겠지만, 선택이라기보다는 운명 같은 것이었다. 하지만 지금은 선택의 시대다. A와 B 사이에서 선택해야 한다. 그리 쉽지 않은 선택이 될 것이다.

선택이 어려운 두 가지 이유가 있다. 첫째, 무엇이 맞는 선택인지 알 길이 없다. 쉽게 말해 학습효과가 없다. 지난 50년은 학습효과의 혜택이 있었다. 1차 제조업 단계를 넘어 2차 제조업 단계에 진입했던 선진국들을 따라 우리도 2차 제조업 단계로 안착할 수 있었다. 우리의 현재는 선진국의 과거였다. 그래서 정해진 길로 가면 되었다. 하지만 상황이 달라졌다. 우리가 가는 길은 누구도 가지 않은 길이다.

두 번째, 개인이 선택해야 한다는 어려움이다. 50년 전에는 국가가 선택해주었다. 국가의 선택에 따라 기업도 선택했다. 하지만 지금은 내가 선택하고 내가 책임져야 한다. 국가라는 울타리가 존재하지만 국가나 기업에만 의존할 수 없는 상황이 되었다. 10대 기업이나 30대 기업이 내 미래에 얼마나 기여할지 알 수 없다. 내 길은 내가 개척해야 하는 시대다. 잊지 마라. 어떤 선택을 하든, 선택은 생존의 필요조건이다.

남들과 같은 방식으로는 생존이 불가능하다. 새로운 방식, 새로운 길이 필요하다. 20세기적 방식은 곧 끝날 것이다. 20세기 방식의 핵심은 생산물의 가치와 가격을 결정하는 생산지가 토지에서 작업대로 옮겨졌다는 것이다. 인류는 생산물 자체가 지닌 가치에 추가적 가치를 덧씌울 수 있게 되었다. 땅에서 얻은 생산물의 가치가 100이었다면, 작업대로 옮겨 20의 가치를 더함으로써 120의 소득을 얻게 된 것이다. 이런 변화는 생산자에게 인건비 절감과 추가소득에 따른 막대한 경제적 이익을 준다. 생산자들은 이런 변화를 거부할 이유가 없었다. 생산자들은 추가소득 20을 넘어서는 도전을 원했다. 그래서 생산수단의 혁신을 시도한다. 그 결과 생산수단의 급격한 발전은 대량생산이라는 획기적인 변화를 가능하게 했다.

미래라고 달라질 것 같은가? 미래에도 똑같은 변화들이 등장할 수 있다. 생산물에 추가적인 소득을 창출할 새로운 시도들이 등장하고 있다. 경제적 이득을 위해 새로운 생산수단이라는 신무기가 장착될 것이다. 단지 우리의 산업이 로봇, 인공지능, 드론, 3D프린터, 우주항공, 나노, 바이오 같은 분야까지 확대되고 있다고 생각하는 것은 너무 단순한 발상이다. 이런 변화는 결국 생산수단의 혁명을 만들 것이다. 그리고 새로운 생산수단을 확보하기 위한 전쟁의 서막이 열릴 것이다. 그래서 지금은 자신의 생산수단을 가지고 기존 산업에서 장인의 경지에 오를 수 있는지, 아니면 새로운 생산수단을 확보해 미래 산업에 뛰어들어야 할지, 근본부터 점검해보아야 할 시점이다.

미래 생산수단을 확보하고 활용하라

생산수단의 확보는 미래사회 격변의 서막이다. 농업사회에서 산업사회로 이동할 때 새로이 중심에 서게 된 자들은 차원이 다른 생산수단, 즉 기계와 공장을 확보한 터였다. 물론 기본적으로 토지라는 생산수단을 가지고 부를 축적하던 자들이 새로운 생산수단도 선점하기 쉬웠다는 모순이 있었다. 산업혁명 때까지만 해도 사업을 할 수 있는 사람은 자본이 있는 사람이었다. 자본이 있어야 공장을 세우고 물건을 생산했다. 물건을 생산해도 바로 팔리지 않았기 때문에 재고를 쌓아두는 비용이 추가로 발생했다. 사업이 정상궤도에 오를 때까지 버틸 여력도 필요했다. 그래서 아이디어가 있어도 자본이 없다면 성공 가능성은 희박했다.

우리가 맞이할 미래는 다를 것이다. 자본이 없어도, 기득권 세력이 아니어도 아이디어만 있다면 충분히 자신의 생각을 펼칠 수 있는 시대가 된다. 자본은 크라우드 펀딩을 활용해 조달할 것이다. 제품은 3D프린터를 사용해 생산할 것이다. 생산된 제품은 펀딩을 통한 직거래로 곧장 판매되기 때문에 재고를 쌓아두지 않아도 된다. 시장은 세계 70~100억 인구로 확장된다. 제조업의 진입장벽이 완벽하게 무너지는 것이다.

물론 넘어야 할 산도 있다. 주목해야 할 점은 두 가지다. 첫째로, 생산수단이 한계비용 제로로 '언제쯤 하락할 것인가?'이다. 빌 게이츠가 레이크사이드 고등학교에서 슈퍼컴퓨터를 해킹했을 때 슈퍼컴퓨터 한 대의 가격은 어마어마했다. 1947년 최초의 컴퓨터인 '에니악'은 무게가 30톤이나 되었다. 크기는 방 세 개만 하고, 1만 8,000개의 진공관으로 연결되었다. 게다가 20분마다 한 번꼴로 고장이 났다. 1976년 미국 시모어 크레이Seymour Cray가 만든 '크레이-1'은 CPU 속도가 160메가플롭스로 초당 1억 6,000만 번의 연산이 가능한 수준에 머물렀다. 가격은 한 대에 8,800만 달러, 무려 100억 원이 넘었다.

지금은 누구나 손안에 슈퍼컴퓨터를 들고 다니고, 집 안에는 여러 대의 슈퍼컴퓨터가 놓여 있다. 스마트폰, 스마트워치, 노트북, 태블릿 PC…… 심지어 30년 전 슈퍼컴퓨터보다 성능이 수십 배 뛰어나다. 중요한 것은 이러한 발전이 불과 40년 만에 이루어졌다는 사실이다. 세계경제포럼 창립자이자 회장인 클라우스 슈밥Klaus Schwab의 이야기를 들어보자.

오늘날 책을 읽거나 정보를 검색하고 타인과 소통하는 데 쓰이는 태블릿과 같은 간단한 기기의 능력은 30년 전 데스크톱 5,000개의 처리 능력과 맞먹지만, 정보저장 비용은 무상에 가깝다(1기가바이트를 저장하는 비용은 20년 전 1만 달러를 상회했지만 현재는 연평균 0.03달러에도 미치지 않는다).[4]

앞으로 20~30년 안에 모든 기술은 급진적으로 발전할 것이며, 새로운 생산수단들은 한계비용 제로에 진입하게 될 것이다. 누구나 원한다면 새로운 생산수단을 손에 쥘 수 있는 제조업 재편 시대가 시작된다. 농업사회에서 토지를 소유하는 것처럼, 산업혁명 시대에 기계와 공장을 소유하는 것처럼, 원한다면 당신도 새로운 시대에 새로운 무기를 지닐 수 있게 될 것이다.

하지만 넘어야 할 산이 하나 더 있다. 한계비용이 제로가 되어도, '새로운 생산수단을 활용할 수 있는 능력이 있는가?' 하는 문제가 남는다. 새로운 혁명은 새로운 자본을 만들고, 새로운 가능성을 만들며, 새로운 혁신으로 지배구조 자체를 변화시킬 것이다. 이런 새로운 변화의 중심에 서려면 새로운 생산방식을 활용할 수 있는 능력이 있어야 한다. 잘못하면 당신은 이런 혁명에서 완벽하게 소외된 1인이 될 수밖에 없다.

제조업은 파괴될 것이다. 그러나 파괴와 함께 새롭게 재편될 것이다. 사회와 기업은 당신이 새로운 생산수단을 활용해서 창의적인 아이디어를 현실에서 실현하기를 기대하고 있다. 새로운 차원의 아이

---

4 클라우스 슈밥, 《클라우스 슈밥의 제4차 산업혁명》, 33쪽.

디어를 실현해낸다면, 당신이 새로운 시대의 인재가 되는 것이다.

당신은 생산수단을 활용할 수 있는 역량을 가지고 있는가?

미래 직업을 위한 3원칙

지금 10대부터 50~60대에 이르기까지 최고의 관심사는 직업이다. 내가 가진 직업이 미래에도 살아남을 수 있는가? 어떤 직업이 새롭게 등장하는가? 미래 직업을 위해 우리 아이는 무엇을 준비해야 하는가? 은퇴 후 새로운 직업을 얻기 위해 나는 지금 무엇을 해야 하는가? 이것도 저것도 아니면 새로운 직업을 만들어내야 하는가?…… 질문은 끝없이 이어진다. 이런 질문으로 가득한 모든 사람들에게 명확하게 미래인재로서 우뚝 서기 위한 세 가지 원칙을 제시하고자 한다.

직업을 생각하면 미래가 항상 불안하고 두렵다. 두려운 이야기가 대부분이기 때문이다. 2013년 영국 옥스퍼드 대학이 발표한 '고용의 미래: 우리의 직업은 컴퓨터화에 얼마나 민감한가'라는 제목의 보고서는 702개 직업 중 47%가 10~20년 이내에 컴퓨터로 대체되거나 형태가 바뀔 것이라고 예측했다.

2016년 '4차 산업혁명'을 주제로 한 제46차 세계경제포럼이 열렸다. 포럼은 2020년까지 전 세계 일자리 510만 개가 사라질 것으로 전망했다. 특히 인공지능 로봇이 발전하면 일자리 700만 개가 사라지고 200만 개가 새로 생길 것이라고 예측했고, 4차 산업혁명의 여파는 사무직과 관리직 종사자들에게 직접적인 타격이 될 것으로 예상했다.[5] 당신이 사무직·관리직 종사자이고 구조조정이 임박했다면 당신이 느끼는 심리적 공포는 극대화될 것이다.

〈워싱턴포스트 The Washington Post〉는 10년 후 직업의 65%가 바뀔 것으로 예상했다. 2016년 1월 '유엔 미래보고서 2045'도 비슷한 이야기를 했다. 현재 일자리의 80%인 20억 개가 2030년이 되면 사라진다고 밝혔다. 특히 30년 후 인공지능은 의사, 변호사, 기자, 통

---

[5] "4차 산업혁명… 일자리 500만 개 사라진다", 〈ZD넷 코리아〉, 2016년 1월 19일자.

·번역가, 세무사, 회계사, 감사, 재무설계사, 금융컨설턴트를 대신할 것으로 전망하기도 했다.[6] 두려움을 불러일으키는 내용들이다. 2016년 알파고의 위력까지 경험한 한국인은 더 공포스러울 수밖에 없다.

하지만 필자는 분명하게 말하고 싶다. 10년 뒤 사라질 직업, 생겨날 직업 같은 이야기에 현혹되지 마라. 특히 새로운 직업 운운하는 것은 정말 무익하다. 이유는 간단하다. 우선, 실체가 없는 직업에 이름을 붙이는 것은 의미가 없다. 게다가 생각보다 빠른 속도로 변화하는 시대에는 새로 생겨난 직업도 금세 사라질 가능성이 높다. 새로운 직업을 만들어놓아도 5년 뒤 사라져버릴 수 있다.

교육심리학자인 하버드 대학 하워드 가드너Howard Gardner 교수는 저서 《미래마인드: 미래를 위한 다섯 가지 마음 능력Five Minds for the Future》에서 로봇과 AI의 발달에도 살아남을 직업을 예측했다. 살아남을 직업은 인공지능 로봇 전문가, 빅데이터 분석가, 교수, 목수 등이다.[7] 살아남을 수 없는 직업으로 꼽은 것은 텔레마케터, 시계수선공, 택시 기사, 회계사 등이다.

그런데 이런 일이 현실화되려면 아직 해결해야 할 과제가 많다.

---

6 "AI의 습격? 인공지능, 미래 '직업' 지형도 바꾼다", 〈뉴시스〉, 2016년 3월 18일자.

7 "당신은 로봇으로 대체될 수 있는 사람입니까?", 〈한국경제TV〉, 2016년 3월 11일자.

여론, 법, 제도, 질서, 윤리적 합의 등이 산적해 있다. 이런 공적 합의가 이루어지지 않는다면 판사가 사라진다는 극단적 예측이 현실화될 가능성은 희박하다.

생각해보라. 한 인간이 재판을 받는다는 것은 인생의 중요한 변곡점에 서 있다는 의미다. 당신이 재판을 받아야 한다면 그 중차대한 판결을 로봇이 내리길 원하겠는가? 간단한 벌금형은 가능하겠지만, 인생이 달린 문제라면 다르다. 기술적으로 인공지능 로봇이 판사를 대체할 수 없는 것이 아니라, 대체하기까지 사회적 합의가 만만치 않다는 것이다. 아직은 '모라벡의 역설'도 통한다. 미국 카네기멜론 대학 교수인 한스 모라벡Hans Moravec은 "인간에게 어려운 일이 로봇에게는 쉽고, 인간에게 쉬운 일이 로봇에게는 어렵다"고 했다. 사라질 직업에 대해 너무 염려하지 않아도 된다.

생겨날 직업들도 미리부터 걱정하지 않아도 된다. 미래 새로운 직업들 중에 빠지지 않는 직업이 빅데이터 분석가다. 데이터양이 기하급수적으로 늘어나면 데이터를 선별하고 분류하고 분석하는 전문가가 필요하다. 그러나 이런 직업은 어느 순간 인공지능이 대체할 것이다. 빅데이터 전문가를 기계로 대체하는 것은 판사에 비해 도덕적 합의가 상대적으로 자유롭다. 기계가 더 정확하고 빠르게 일을 수행할 수 있다는 점도 무시할 수 없다.

또한 기술발전이라는 변수가 작용하게 마련이다. 데이터가 증가하는 만큼 컴퓨터의 발달속도도 빨라질 것이다. 2016년 8월 〈네이처Nature〉지에 한 논문이 발표되었다. 양자컴퓨터가 실험에 성공했다는 논문이다. 크리스토퍼 먼로Christopher Munroe 미국 메릴랜드 대학 교수팀이 이온덫(이온트랩)을 이용해 양자컴퓨터를 구현했고, 컴퓨터가 90~95%의 정확도로 연산을 수행했다. 양자컴퓨터는 양자역학적 원리로 작동되는 컴퓨터다. 양자컴퓨터를 사용하면 기존 컴퓨터로 100만 년 이상 걸리는 암호화 프로그램을 한 시간 이내에 처리할 수 있을 것으로 추정한다.[8] 지금은 소규모 양자컴퓨터가 개발되었을 뿐이지만, IBM, 구글 같은 글로벌 기업들이 공격적으로 투자한다면 빠른 속도로 양자컴퓨터 기술은 발전할 것이 분명하다. 그럼 인공지능과 양자컴퓨터가 결합되어 빅데이터 전문가의 일을 대체할 것이다. 굳이 사람이 아니어도 된다. 그렇다면 10~15년 뒤 빅데이터 전문가나 분석가가 의미가 있을지 생각해볼 문제다.

새로운 직장을 찾지 마라

미래는 직장이 중요한 시대가 아니다. 직장이 정답이 될 수 없다. 취업만 하면 안정을 얻고 소득을 얻었던 과거와는 달라졌다. 직장이

---

8 "100만 년 걸릴 걸 1시간에… 소규모 양자컴퓨터 개발", 〈연합뉴스〉, 2016년 8월 4일자.

미래를 보장해주지 않는다. 단순히 더 나은 미래를 위해 대기업에 취업하는 것을 목표로 삼아서는 안 된다. 남 보기 번듯한 직장, 남들보다 좀 더 많은 연봉을 주는 직장을 인생의 목표를 삼았다가는 평생 괴로워질 수 있다. 당신이 믿는 그 회사가 얼마나 지속가능한 기업일지 가늠이 되지 않는 시대다. 제조업이 변하고, 생산수단이 한계비용제로가 되는 사회에서는 더욱 치열한 기업 간 경쟁이 예고되어 있다.

한국의 기업 상황은 더욱 극적이다. 2008년 글로벌 금융위기 후 세계 각국은 구조조정에 들어갔지만 상대적으로 한국은 구조조정을 미루어왔다. 결국 영업이익으로 이자만 내거나 이자도 내지 못하는 '한계기업', 이른바 '좀비기업'이 30% 정도가 되었다.[9] 조선, 해운, 철강은 더욱 심각하다. 100대 기업 중 98%는 경제상황이 중대한 위기라고 진단했다.[10] 구조조정은 이제 시작되었을 뿐이다. 글로벌 경쟁력을 높인다는 이유에서다. 기업으로서는 살기 위한 조치를 취하는 것이다.

그런데 위기는 여기서 끝이 아니다. 위기는 더욱 빈번하게 반복적으로 찾아올 것이다. 회사가 성장하고 사라지는 주기도, 위기와 기

---

9 "상장사 중 15%는 좀비기업, 구조조정 이제 시작일 뿐", 〈한국일보〉, 2016년 7월 18일자.
10 "국내 100대 기업 98% 현 경제상황 중대한 위기", 〈아시아경제〉, 2016년 6월 15일자.

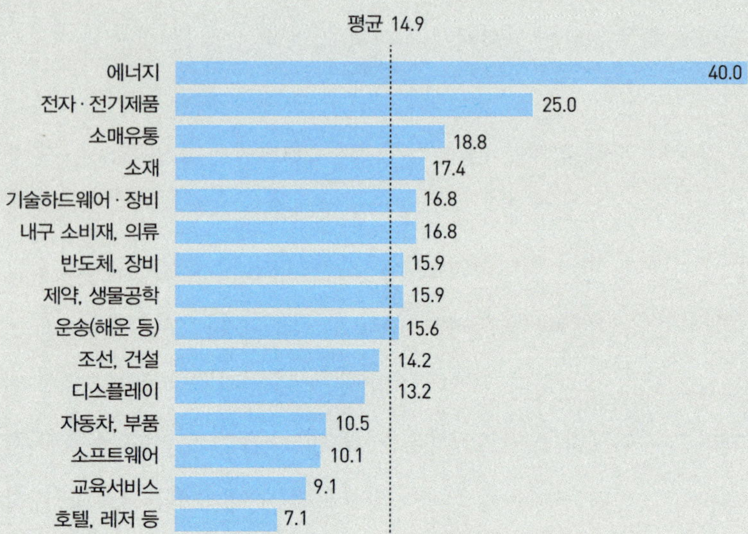

* 좀비기업은 2012~2014년 3년 연속 이자보상배율 1 미만 기업을 가리킨다.

자료 김영욱 박사

회가 반복되는 주기도 짧아질 것이다. 우리가 살아갈 미래에서는 더 이상 직장을 믿을 수 없다.

어떤 기업에 취직하는 것이 미래를 보장하는 방법이 될 수 없고, 취업을 해도 직장이 안전지대가 될 수 없다. 그래서 좋은 직장을 찾아 취업하기 위해 목숨을 걸듯 하는 것은 무의미하다. 미래의 당신의 가치가 가장 중요하다. 당신이 가치 있는 사람이 되어야 직장으로부터 자유로울 수 있다. 직장을 얻기 위해 스펙을 쌓지 말고, 당신의 가치를 위해 스펙을 쌓아라. 100세 시대가 아닌가?

나만의 스토리를 만들어라

미래에도 스펙이 중요하지만 일반적인 스펙은 의미가 없다. 남들도 다 갖춘 스펙은 아무 가치가 없다는 뜻이다. 미래에는 당신만의 스펙이 최우선이다. 남들이 가지지 못한 스펙을 쌓아 올려야 한다. 나만의 스펙이라고 하면 너무 어렵게 느껴질 수 있지만 전혀 그렇지 않다. 나만의 스펙에서 핵심은 스토리이다. 남들 다 하는 어학연수, 봉사활동, 토익·토플 점수, 자격증이 필요 없다는 것이 아니다. 당신이 그런 스펙을 쌓을 수밖에 없었던 당신만의 진정한 스토리가 필요하다. 설득력이 있고 진정성과 감동이 있는 스토리가 필요하다.

어떤 연예인의 이야기다. 한참 슬럼프에 빠져 지냈는데, 설상가상 집에 도둑이 들었다. 도둑맞은 물건의 가격을 합산해보니 2억 원 가량이었다. 큰 충격이었다. 그런데 그녀는 이 사건으로 인생이 완전히 바뀌었다고 말했다. 그전에는 소비가 취미였는데, 도둑을 맞고 나니 무모한 소비가 아무 의미 없다는 것을 깨닫게 된 것이었다. 그녀는 결심했다. '훔쳐 갈 수 없는 것을 모아야겠다.' 그 후 그녀는 돈이 생기고 여유가 생기면 서점에 들러 책을 사기 시작했고, 책을 읽기 시작했다. 물건은 훔쳐 갈 수 있지만, 내가 얻은 지혜와 지식은 훔쳐 갈 수 없다는 것을 깨달은 것이다.

단순히 독서가 취미라고 말하는 것과 이런 스토리를 통해 독서를 즐기게 된 이유를 전하는 것은 상대방에게 전혀 다른 울림을 준다. 당신에게도 이런 당신만의 스토리가 있을 것이다. 미래의 치열한 경쟁에서 당신만의 스토리야말로 가장 강력한 무기가 되어 사람의 마음을 얻고, 세상을 설득하게 될 것이다.

한편 이렇게 자신만의 독창적인 스토리로 차별화를 꾀하라는 이야기를 듣고 딴생각을 하는 사람들이 있다. '그럼 미래를 위해 국어, 영어, 수학 같은 기초과목은 별로 중요하지 않겠네.' 대부분 공부를 포기하고 싶은 사람들의 변명일 가능성이 높다. 창의성과 기초학문은 대척점에 있지 않다. 과거에도 기초학문이 중요했고, 미래에도 기초학문이 중요하다. 다른 점이 있다면 과거는 암기 위주로 기초학문을 배웠고 대학에 가기 위한 수단으로 여겼다면, 미래에는 기초학문에 대한 이론적·원리적 접근이 중요해진다. 원리를 알아야 원리에서 파생된 새로운 창의가 발현되기 때문이다. 그래서 미래에도 기초학문은 여전히 중요하다.

▶8 인재의 세 가지 유형

새로운 사람이 필요하다. 새로운 가치와 새로운 생각을 가지고 새로운 각오로 새로운 도전을 하는 사람. 큰 담론으로 21세기에 생존 가능한 사람을 생각해보자. 이 담론은 세 축으로 세워져 있다. 변하는 것과 변하지 않는 것 그리고 아주 새로운 것.

변하는 사람
: 기업과 함께 변신하라

2016년 세계경제포럼에서는 인재주의talentism라는 용어를 처음 언급했다. 클라우스 슈밥은 인재주의를 다음과 같이 정의했다.

단순한 개념의 인재주의가 아닌 기업에 적합한 인재를 영입해 그들의 창의력과 혁신을 펼칠 수 있도록 한다는 개념으로, 이 과정에서 조직문화의 개편이 필요하다. 인재주의의 개념을 수용할 필요가 있다. 인재주의는 경쟁력 확보를 위해 가장 중요하게 여겨야 할 새로운 개념이다. 인재가 전략적 우위의 주요한 형태이기 때문에, 조직의 구조적 특성에 대해 다시 생각해야 할 것이다. 그리고 능력 있는 인재를 영입하고 유지하는 새로운 전략이 기업의 성공을 좌우하게 된다.[11]

2016년 다보스포럼의 인재주의는 20세기에도 통용되었던 개념이다. 20세기에도 기업에 적합한 사람이 인재였고, 21세기에도 그럴 것이다. 20세기에도 창의력과 혁신을 펼칠 수 있는 사람이 인재였고, 21세기에도 변함없다. 그래서 다보스에서 사용한 인재주의는 낯선 개념이 아니다. 지금 우리에게 낯선 것은 인재주의라는 개념이 아니라 21세기의 인재상이다.

새로운 사람이 필요하다. 새로운 가치와 새로운 생각을 가지고 새로운 각오로 새로운 도전을 하는 사람. 큰 담론으로 21세기에 생존 가능한 사람을 생각해보자. 이 담론은 세 축으로 세워져 있다. 변하는 것과 변하지 않는 것 그리고 아주 새로운 것.

미래를 변하는 것, 변하지 않는 것 그리고 아주 새로운 것의 세 축으로 나누어 설명하는 근거는 아시아미래인재연구소에서 정의하는 미래철학이다. 아시아미래인재연구소가 말하는 미래를 아리스토텔레스Aristoteles의 철학적 사유를 빌려 설명하면, 미래는 "형상과 질료가 결합된 것들의, 목적을 향한 시간에 따른 질과 위치의 변화"라고 말할 수 있다. 아리스토텔레스의 관점은 우리에게, 세상은 변하는 것과 변하지 않는 것이 서로 관계를 맺으면서 끊임없이 '생성'과 '운동'을 지속하면서 '변화'(생성과 소멸, 위치 변화 등)를 일으킨다고 말한다.[12] 그래서 우리는 세 가지 축을 하나씩 살펴봐야 한다.

---

11 클라우드 슈밥, 《클라우드 슈밥의 제4차 산업혁명》, 102쪽.

2016년 8월 '닷컴시대'를 연 스타 기업 야후Yahoo가 22년 만에 종말을 맞았다. 2016년 8월 25일 야후는 인터넷 사업부문과 보유 부동산을 미국 최대 이동통신사인 버라이즌Verizon에 매각했다. 매각 대금은 48억 달러로, 2000년 야후 황금기 시가총액인 1,250억 달러의 4%에 불과했다. 1995년 스탠퍼드 대학원생이었던 제리 양Jerry Yang과 데이비드 필로David Filo가 창업한 야후는 한때 포털 시장 1위였고, 2000년 정점을 찍었을 때는 주당 475달러를 기록하기도 했다. 그러나 구글의 등장으로 내리막길을 걷게 되었다. 구글에 맞서기도 했지만 실패로 돌아갔다.

야후는 왜 실패했을까? 여러 분석이 있다. 〈월스트리트저널〉은 야후의 몰락 원인이 '정체성 혼란'에 있다고 분석했다. 2006년 야후 수석 부사장 브래드 갈링하우스Brad Garlinghouse는 〈월스트리트저널〉과의 인터뷰에서 "식빵 위에 바른 땅콩버터다. 야후는 모든 것을 다 하려고 하면 아무것도 아니게 된다"고 꼬집었다. 야후가 사업을 지나치게 얇고 넓게 펼쳤다는 것이다. 그러나 좀 더 큰 원인이 있다.

야후는 변신에 실패했다. 2~3개월마다 새로운 플랫폼과 서비스가 제공되는 웹 생태계에서 정확한 타이밍에 시의적절한 콘텐츠로 변신하지 못했다. 쏜살같이 흐르는 시대에 기존 틀을 파괴할 수 있는 혁신이 없다면 기업은 종말을 맞게 된다. GM이 7년 만에 파산보

---

12 최윤식, 《2030 대담한 미래 2》(지식노마드, 2014), 28쪽.

호를 졸업할 수 있도록 한 GM 역사상 첫 여성 CEO 겸 회장인 메리 베라Mary Barra도 말했다. "변하지 않으면 살아남지 못한다. 새 길을 찾는 것이 중요하다."[13]

노키아Nokia는 야후와 비슷하면서도 다른 행보를 보였다. 노키아 역시 한때 세계 1위 기업이었다. 1865년 핀란드의 작은 도시 노키아에서 제지회사로 출발한 이 기업은 1922년 케이블 생산업체를 인수하며 통신업체와 연을 맺으면서 신화를 쓰기 시작했다. 1970년에는 통신장비사업에 성과를 거두더니 1987년 '시티맨900'을 출시했고, 1998년 모토로라Motorola를 제치고 세계 휴대전화 시장점유율 1위를 차지했다. 2007년에는 세계 휴대전화 시장 점유율 41%를 차지하는 공룡이 되었다. 그런데 딱 여기까지였다. 불과 5년 뒤 2012년, 노키아는 삼성에게 1위를 내주었다. 시작은 2007년, 노키아가 세계 시장 점유율 41%를 차지한 바로 그해 '아이폰'의 등장이었다. 그리고 세계시장 점유율 8.1%로 밀려난 2012년, 노키아는 본사 건물을 1억 7,000만 유로(약 2,400억 원)에 매각했고, 2013년 9월에는 휴대전화 사업부를 54억 4,000만 유로(약 7조 8,000억 원)에 매각하며 휴대전화사업을 완전히 접었다.

여기까지가 우리가 아는 노키아다. 그런데 2년 후, 라지브 수리Ra-

---

13 "변하지 않으면 죽는다… 몰락한 야후가 당신에게 던지는 메시지", 〈중앙일보〉, 2016년 8월 4일자.

jeev Suri CEO는 대규모 구조조정을 거치며 노키아를 1970년 통신회사로 돌려놓았다. 전 직원의 36%인 4만 명이 회사를 떠났고, '히어' 지도서비스도 매각했다. 극적 변신이 시작된 것이다. 노키아는 통신 특허와 통신 관련 센서를 개발했다. 2013년 지멘스와 통신장비회사 노키아지멘스네트웍스(NSN)의 지멘스 지분 50%를 모두 사들였다. 2016년 프랑스 통신장비업체 알카텔루슨트Alcatel-Lucent와 벨 연구소Bell Labs도 인수한다. 휴대전화사업부를 매각한 노키아가 통신장비회사로 완전히 변신한 것이다. 이제는 인터넷, LTE, 사물인터넷 같은 네크워킹 서비스를 기반으로 통신 유무선기지국 설치, 국가재난안전통신망 설치 등에 집중하고 있다. 노키아는 통신장비업계 세계 1위다. 전 세계 10대 무선통신 사업자 중 9곳이 노키아의 고객이다. 세계시장 점유율이 30.5%에 달한다. 2016년 인터뷰에서 라지브 수리 CEO가 말했다.

"노키아는 이제 모바일에서 어떤 수요도 만들어낼 수 없고, 수요가 있어도 충족시키기에는 뒤처졌다. 더 이상 노키아가 새겨진 휴대폰을 사람들이 안 써도 괜찮다. 대신 사람들이 노키아의 서비스를 느끼도록 하는 것이 우리가 할 수 있는 것이자, 미래 산업의 핵심이다."[14]

노키아가 극적인 이유는 1위에서 몰락 후 다시 회생했다는 점이

---

14 "몰락하던 노키아, 부활의 비결", 〈TTimes〉, 2016년 3월 23일자.

다. 변신의 결과물이다. 물론 기업이 변신하는 만큼 개인도 발맞추어 변신해야 한다. 노동자의 절반 이상은 기업과 함께 운명을 같이하기 때문이다. 노키아가 변신할 때 변신하지 못한 기업의 노동자들은 어떻게 되었을까? 구조조정의 칼을 피하지 못했을 것이다.

미국의 화학산업에서도 기업들의 변신이 한창 진행되고 있다. 바스프BASF는 2005년 이후 전통적 화학제품 비중을 줄이고 기능성 제품의 비중을 높였다. 다우케미컬The Dow Chemical Company은 2015년 10월 화학회사 올린Olin에 에폭시수지 사업을 매각했고, 나일론 혁명을 주도한 듀폰DuPont은 2000년 초 섬유사업을 매각하고 2012년 덴마크의 효소전문기업 다니스코Danisco를 58억 달러에 인수했다. 그리고 듀폰과 다우케미컬은 합병해 생명과학기업으로 변신했다.[15] 미래에는 변해야만 생존할 수 있는 영역이 있다.《퓨처 스마트Future Smart》 저자 제임스 캔턴은 "교육이 사람들을 미래에 준비시키는 것보다 더 빠르게 새로운 미래가 다가오고 있다"고 말했다.[16] 기업과 개인은 그에 발맞춰 변신해야 한다. 제때 변신한다면 두려워할 이유가 없다. 직업은 사라지는 것이 아니라 새로운 형태로 변화할 뿐이고, 최적화될 수 있는 영역이 존재하기 때문이다.

1900년 부활절 아침, 뉴욕 5번가 도로의 운송수단 99.999%가 마

---

15 "13.2% vs 5% 국내 화학사 초라한 수익성", 〈매일경제〉, 2016년 6월 20일자.
16 제임스 캔턴,《퓨처 스마트》, 장진영 옮김(비즈니스북스, 2016), 395쪽.

차였다. 단 한 대만이 자동차였다. 13년 후, 1913년 뉴욕 5번가 도로의 운송수단은 100% 자동차로 바뀌었다.[17] 1908년 헨리 포드의 '모델T'는 대량생산 5년 만에 미 전역의 교통문화를 바꿔놓았다. 단 13년 만이었다.

시야를 좀 더 넓혀보자. 자동차 시대가 되면서 말과 관련된 모든 것이 사라졌을까? 21세기에 말은 교통수단으로서 기능은 상실했지만 산업에서는 다르게 변신하고 부활했다. 경마산업의 경우, 경마는 스포츠로서 여전히 이어지고 있고, 사람들은 경마를 문화이자 놀이로 즐긴다. 육마산업은 상당한 고부가가치 산업이다. 씨 종마는 30억이 넘는 가격에 거래되기도 한다. 1900년과 다른 점이 있다면 말 관련 산업에 연관된 종사자의 규모다. 아마 몇천분의 일로 줄었을 것이다. 그러나 아직도 말과 관련된 산업은 진행형이다. 미래에도 유효할 것이다. 단 변신할 뿐이다.

일류 기업들은 변신 가능하고 변신한 경험이 있는 사람을 우대하고 있다. 구글은 아이비리그 출신을 더 이상 선호하지 않는다. 한때 구글도 출신 대학을 중요시했다. 하지만 출신학교가 업무와 관련성이 없다는 사실을 깨닫고 아이비리그 출신 편애를 버렸다.[18] 여전히 구글에 스탠퍼드 출신이 많은 것은 그들이 잘 변신한 사람이기 때문

---

17 김대식, 《김대식의 인간 vs 기계》, 268쪽.
18 "구글 '아이비리그 우대' 그만둔 까닭?", 〈ZD넷코리아〉, 2015년 11월 26일자.

이고, 고학력자로서 창의적 가능성을 발휘했기 때문이다.

2015년 한국에서는 유럽부흥개발은행(EBRD), 녹색기후기금(GCF) 등 9개 국제기구가 서류심사를 통해 심층인터뷰 대상자를 선발했다. 이 심사에서 한국 사람들이 이해할 수 없는 일이 발생했다. 명문대학교 재학, 높은 학점과 영어 점수 등 좋은 스펙을 지닌 청년들이 서류심사에서 떨어진 것이다. 이유는 분명했다. 국제금융기구에서 원하는 인재상이 한국과 확연히 달랐던 것이다. 국제기구가 원하는 사람은 명문대 졸업생이 아니었다. 그들이 원하는 인재상은 기구에 대한 관심과 열정, 그리고 현장 경험이 풍부한 사람이었다. 면접 내용도 전방위적 사고를 갖추었는지, 업무와 관련된 경험이 있는지, 팀워크에 문제가 없는지에 관련된 것들이었다.[19] 청년실업의 한 단면이기도 하지만, 세상이 바라보는 인재상이 변화하고 있고 이런 변화에 준비된 자들만이 기회를 얻을 수 있다는 것을 보여주는 중요한 장면이다.

'기업이 무엇을 만드느냐?'도 인재상에 중요한 기준이 된다. 기업이 만드는 제품과 서비스에 따라 경쟁하는 룰과 방식이 달라진다. 미래 기업들은 제조업보다 첨단기술산업과 기술서비스에 의미를 둘 것이다. 당연히 기업들은 첨단기술인 로봇, 드론, 우주항공, 3D프린터, 인공지능, 바이오 같은 기술을 잘 알고 활용하는 사람을 인재로

---

19 "우리 딸 서울대 나왔는데, 왜 떨어졌나요", 〈머니투데이〉, 2015년 12월 1일자.

여길 것이다. 그래서 산업이 어디로 향하고 있는지 관심을 가져야 한다. 우리 산업이 바이오로 간다면 바이오산업과 관련된 인재의 수요가 증가할 것이다. 나노로 간다면, 우주항공으로 간다면, 인공지능으로 간다면, 각각의 분야에서 필요로 하는 인재가 많아질 것이다.

기업의 경쟁력도 중요하다. 한국이 로컬 경쟁력을 갖고 있던 때는 외국어능력이 인재의 중요한 기준이 아니었다. 그러나 우리나라가 글로벌 경쟁에 뛰어들게 되면서 필요한 인재도 달라졌다. 영어, 중국어 같은 외국어능력에서 경쟁력을 갖춘 인재가 필요해진 것이다. 단순히 물건을 사거나 음식을 주문하는 정도의 외국어 실력을 의미하지 않는다. 보다 전문적이고 깊이 있는 실력을 갖추어 세계인과 소통할 수 있는 수준을 요구한다. 아주 간단한 예로 당신이 한국어밖에 할 수 없으면 한국이라는 무대가 전부가 되지만, 중국어를 사용하는 순간 당신의 시장을 25배로 넓힐 수 있고, 영어를 사용하는 순간 40배로 넓힐 수 있다.

이제는 새로 생겨날 것들과 사라질 것들만 생각하지 말고 변신하는 것들에 대해서도 관심을 갖길 바란다. 변신은 기업과 개인 모두에게 필요하다.

변하지 않는 사람
: 변하지 않는 가치 CREED를 주목하라

세상에는 변하지 않는 것도 존재한다. 변화의 시간적 기준이 영원 차원인가 아니면 10년, 20년 단위인가에 따라 달라질 수 있지만, 그래도 변하지 않는 것이 있다.

변하지 않는 것들 중에는 인간의 본성과 관련된 것이 많다. 인간의 본성이란 사람을 사람이게 만드는 힘이다. 시대가 변하고 세월이 흘러도 인간을 인간일 수 있게 하는 힘. 인간이 기계의 도움을 받고, 바이오기술의 진화로 인공장기를 갖게 되어 사이보그화된다 하더라도 인간은 기계가 아님을 나타내는 차이점. 강한 인공지능이 인간은 지구에 도움이 안 되는 존재라고 할 때 기계를 설득할 수 있는 논리. 변하지 않는 것은 바로 이런 힘의 실체다. 미래사회에서도 성숙하고 인격적이며 사람다운 인재를 찾을 것이고, 이것이 인재를 바라보는 가장 중요한 기준일 것이다. 변하지 않을 것들을 잘 붙잡고 새로운 시대의 새로운 가능성을 열어야 한다. 변하지 않는 가치 다섯 가지의 이니셜을 모으면 '신념'을 뜻하는 CREED가 된다. 이 C-R-E-E-D 각각을 구체적으로 살펴보자.

Creative: 창의성을 가져라

미래에는 따라가지 말고 앞서가야 한다. 한국은 50년간 선진국을 따라갔고, 성공해서 여기까지 왔다. 과거에는 쫓아가는 것이 숙명이었다면, 미래에는 앞서가는 것이 숙명이고 과제이다. 앞서가려면 창의성이 반드시 필요하다. 새롭게 길을 내려면 모험도 하고 투자도 해야 하는데, 창의적 마인드가 장착되어 있지 않다면 모험과 투자는 신기루일 뿐이다. 창의적 발상에서 나온 도전과 투자는 실패해도 가치가 있다. 하지만 생각 없는 모험과 투자는 무모하기만 하다.

창의적이어야 한다거나 창조적 아이디어가 필요하다는 데는 누구나 공감할 것이다. 하지만 막연히 어려워한다. 몇 가지 오해 때문이다. 창의성은 청년들에게나 필요한 기교라고 생각하거나, 창조적 아이디어는 특별한 재능이 주어진 사람들만 생각할 수 있다고 여기는 것이 일반적 오해다. 그러나 이것은 우리가 스스로에게 주입한, 그리고 획일화된 교육으로 인한 오해일 가능성이 높다. 《오리지널

스: 어떻게 순응하지 않는 사람들이 세상을 움직이는가 *Originals: How Non-Conformists Move the World*》의 저자 애덤 그랜트 Adam Grant 는 누구나 창의적 인재가 될 수 있다고 말한다.[20] 창의성은 누구의 전유물이 아니다.

인간은 누구나 창의적 존재로 살아갈 수 있다. 인간이기에 인간의 가려운 곳을 긁어줄 수 있다. 물론 기계도 인간 못지않은 창의적 발상과 발상의 전환을 이룰 수 있다. 우리는 알파고의 잠재력을 눈으로 확인했다. 알파고는 인간이 평소 사용하지 않는 기풍으로 바둑판을 휘저었다. 프로기사들이 절대 해석할 수 없는 비보편적 방법을 종종 사용했다. 그러나 인간의 창의성이 기계의 창의성과 본질적으로 다른 점이 있다. 바로 목적성이다. '왜?'라는 인식이 완전히 다르다.

미국에서 활동중인 황태일이라는 청년 사업가가 있다. 영어 이름 팀 황 Tim Hwang. 피스컬노트 FiscalNote 의 CEO다. 인터넷과 모바일로 법률·정책 분석을 서비스하는 혁신적 아이디어로 각계각층에서 투자를 받아 2016년 황태일의 재산은 8,800억 원이 넘는다. 그는 세계 30세 이하 자수성가 억만장자 중 19위에 랭크되었다. 피스컬노트는 미국 연방정부와 51개 주의 법을 한눈에 보여주고 그 법안을 만든 의원들의 정보를 제공한다. 법이 어떤 의도로 만들어졌는지 어떤 영향을 끼칠지 맥락에 대한 이해와 정보를 제공한다. 게다가 새로 사

---

20 애덤 그랜트, 《오리지널스》, 홍지수 옮김(한국경제신문사, 2016), 75쪽.

정된 법의 통과 여부를 예측해 빠른 대처가 가능하도록 돕는다. 기업과 로펌 등의 이용자가 빠르게 늘고 있다.

피스컬노트가 돈만을 목적으로 세워졌을까? 팀 황이 서비스를 개발한 궁극적 이유는 따로 있다.

"제가 살아가면서 제 능력과 저에게 주어진 기회들을 회상해볼 때, 제가 지금 하고 있는 대부분의 일들의 원동력은 사회를 새롭게 변화시키고자 하는 의도이고, 이 사회를 바꾸기 위해서 내가 어떻게 하면 이 사회에 가장 큰 영향을 줄 수 있을지 생각합니다."

그가 이런 생각을 하게 된 결정적 계기는 열두 살 때 체험한 과테말라 선교 봉사였다. 그는 과테말라에서 아이들이 신발 없이 다니는 것을 보고 큰 충격을 받았다. 그 후에는 워싱턴의 노숙자들을 보고 놀랐다. 맨발의 아이들과 워싱턴의 노숙자들에게서 가난, 차별, 불평등을 목격한 것이다. 그는 이 모든 것을 바꾸어보겠다는 결심을 했다. 팀 황은 중학교 2학년 시절부터 노숙자를 위한 구제활동을 시작했고, 고등학교 1학년 때 회사 두 개를 설립했다. 하나는 노숙자들에게 봉사하는 회사고, 다른 하나는 공부하는 학생과 자원봉사 교사를 연결하는 회사였다.[21] 그의 면면을 볼 때, 그의 아이디어의 목적성은 분명해 보인다.

---

21 "차세대 빌 게이츠, 피스컬노트 청년 CEO 황태일", 〈KBS 다큐 공감〉, 2016년 3월 12일자 방송.

인간이 기계와 다를 수 있는 것은 창의성 자체가 아니다. 그 창의성으로 떠올린 아이디어의 목적성이다. 본격적으로 기계와 경쟁해야 하는 시대가 오면 인간이 가진 목적성이 새로운 화두가 될 것이고 경쟁력이 될 것이다.

세상을 어떻게 새롭게 할 것인가? 세상을 어떻게 변화시킬 것인가? 당신의 아이디어는 어디에 목적을 두고 있는가?

Rectitude: 곧은 인성을 가져라

미래사회는 빠른 속도로 기계화될 것이다. 사회 안정을 위해 감시하고 통제하는 기술이 극대화될 가능성도 높다. 위기와 기회가 찾아오는 주기가 짧아지고 반복된다. 구조조정이 일상화되고 경제적·사회적 안전망에서 탈락한 자들이 급증하는 공포사회로 진입할 것이다. 그런데 실적 압박, 내일에 대한 불안, 가치의 혼돈, 외로움, 소외감, 자존감 하락 등이 일상에 자리 잡을수록 사람됨의 가치는 더 중요하게 여겨질 것이다.

발전과 한계, 성장과 위기가 반복될수록 사람들은 옳고 그름의 문제를 자각하게 되어 있다. '나는 제대로 된 길을 가고 있는 것인가? 나는 착한 사람인가? 필요한 사람인가? 바른 사람인가?' 혹은 부정적인 일을 스스로 합리화하기도 한다. '부도덕하지만 한 번만 눈 딱

감고 일을 저지르자. 그럼 평생 먹고살 수 있는 돈이 생긴다.' 부정과 부패가 난무하고, 기술을 해외로 빼돌리기도 한다. 공금을 유용해 도박을 하고, 명품, 고급 승용차, 해외여행으로 탕진한다. 기업입장에서는 열심히 쌓아 올린 매출, 성과, 이미지가 직원의 인격적 실수로 순식간에 물거품이 될 수 있다. 물질에 눈먼 직원 하나가 기업의 기술을 해외로 유출하는 바람에 무너진 기업들을 우리는 숱하게 경험했다.

그런가 하면 2·3세 경영자의 한 번 실수가 기업의 이미지에 치명타를 입힌 사건을 우리는 기억한다. SNS 등으로 정보가 순식간에 확산되는 터라 프랜차이즈 직원 한 사람이 브랜드 전체에 오점을 남기기도 한다. 이런 치명타를 입으면 고객은 떠나고 매출은 급격히 하락한다. 주가는 추풍낙엽처럼 떨어진다. 제품에 문제가 있거나 기술 경쟁력에 문제가 있어서가 아니다. 흔히 말하는 갑질 때문이고, 단순한 인격적 결함 때문이다. 자연히 기업은 인성이 갖추어진 사람을 채용하려 한다.

기업도 똑같은 생각을 하게 될 것이다. 한창 성장할 때는 실적을 요구하고, 한계에 부딪혔을 때는 창의성을 요구한다. 돌파구가 없는 기술의 한계에 직면하게 되면, 더 나은 기술에 대한 갈증도 있겠지만 바른 인성을 가진 사람들을 찾게 된다. 기술의 불법 유출이나 브랜드 이미지 하락 등의 위험을 피하려는 것이다. 이런 맥락에서 세계적인 교수법 전문가이자 교육 멘토인 조벽 교수는 "인성은 일을 할 수 있게 해주는 실력"이라고 정의했다.[22] 사회와 기업은 신뢰를 바탕으로 일할 수 있고, 공동과 협업의 가치를 존중하고 실행할 수 있는 바른 인성의 사람을 찾을 수밖에 없다. 새로운 이야기는 아니다. 과거부터 현재까지 사람됨은 언제나 인재선발의 주요 기준이었다. 뉴캐슬 대학교 글랜 카시미어Glan Casimir 교수의 논문 〈지식 전달: 신뢰, 약속 그리고 비용의 영향Knowledge sharing: influences of trust, commitment and cost〉은 리더에 대한 직원들의 신뢰가 높은 회사일수록 이직률이 낮다고 분석했다.[23]

세계적으로도 국격이 중요해지고 기업이 추구하는 가치가 중요해지고 있다. 미래 소비자들은 기업이 지향하는 가치를 참고해 제품을 선택할 테고, 그에 따라 기업의 매출도 결정될 것이다. 미래 기업은 인격이 준비된 사람을 인재로 여길 것이다. 사람 됨됨이가 인사평가에 반영되고, 승진에 영향을 미칠 것이다. 이런 측면에서 사람 됨됨이에 대한 인식 전환이 필요하다. 단순히 '몇 등급', '몇 점'으로 나타나는 수치는 아무 의미가 없다. 기업은 매뉴얼화된 산술적 사고에서 탈출해야 한다. 매뉴얼만 따라서는 소비자들의 문제, 욕구, 결핍을 간파할 수 없다. 매뉴얼에 따라 사람을 대하는 기계적 사고로는 소비자들의 감동을 이끌어낼 수 없고, 기업의 가치를 실현할 수 없다.

---

22 조벽, 《조벽 교수의 인재혁명》(해냄, 2010), 151쪽.
23 '신뢰감' 있는 사람으로 인정받는 방법", 〈뉴스원〉, 2015년 10월 10일자.

사람됨의 정의는 다양하다. 세상이 원하는 사람됨의 기준도 다양하다. 착한 사람, 신실한 사람, 정직한 사람, 원칙을 중시하는 사람 등 '인성'이 요구하는 덕목은 한 단어로 결론내릴 수 없다. 그래서 인성의 정의를 말할 수는 없지만, 미래를 위해 어떤 훈련이 필요할지는 생각해봤으면 한다.

필자의 견해로는 타인이 되는 훈련이 필요하다. 시대마다 양상은 달랐다. 농경사회에서 '타인 되기'는 간극에서부터 출발했다. 효, 충 등이 강조되면서 상하관계의 예절을 전제한 타인 되기였다. 기계화가 시작되고 산업사회로 접어들자, 농업사회와는 다른 예의가 필요했다. 산업사회의 타인 되기는 타자를 타자로 인정하는 측면이 컸다. 전문화시대로 넘어가면서 협업의 힘이 약화되었기 때문에 타자에 대한 비중이 약화되기도 했다. 정보화시대가 되었다. 정보화와 경계 파괴로 새로운 판이 펼쳐진 시대에는 타자 되기 역시 새로운 국면으로 전개되고 있다. 미래는 혼자만의 실력으로 살 수 없는 시대가 된다. 농업사회나 산업사회, 전문화사회와는 또 다른 양상의 타자 되기, 타자 알기가 필요하다. 미래에는 생활공동체의 타자 알기와 소득공동체로서의 타자 알기가 중요해질 것이다. 수평사회가 되기 때문에 상명하복이 아닌 수평으로서의 타자도 알아야 한다. 전방위적 타자 알기가 필요한 셈이다.

일은 절대 혼자 할 수 없다. 협업에서는 다양한 참여자들의 자질이 중요하다. 평생 기계와만 작업을 할 것이 아니라면 혼자 하면 된다는 생각은 접어라. 한 언론사의 기사에 이런 글이 있었다.

"훌륭한 목수 아래에 있는 제자는 교역을 배울 수 있고, 신임 의사는 경험 많은 의사들의 보호를 받으며 정확하게 진단을 내릴 수 있는 것이다. 신입 세일즈맨도 베테랑 세일즈맨의 업무영역을 습득할 수 있다."[24]

Emotion: 감성을 경영하라

미래사회에서는 네트워크가 아주 중요한 조건이 된다. 하지만 좋은 네트워크는 기계나 컴퓨터가 만들어주는 것이 아니다. 좋은 네트워크는 탁월한 감성디자인 능력을 가진 사람에 의해서 만들어진다. 미래에는 기계와 인공지능 컴퓨터들이 인간의 근력과 두뇌능력을 대체하거나 확장해갈 터이기 때문에, 인간에게 요구되는 차별적인 능력인 '감성'이라는 키워드가 더욱 중요해질 것이다. 감성디자인 능력이란 무엇인가?

---

[24] "60세 이상 고령인구 10% 증가하면 GDP 5.5% 감소", 〈머니투데이〉, 2016년 8월 4일자.

그것은 사람들이 자신의 내면에 존재하지만 미처 발견하지 못한 행복의 느낌들을 새롭게 디자인하거나 향상해 전달하는 능력과, 이를 지속가능하도록 경영해주는 능력을 의미한다. 그중에서도 미래사회에는 스토리를 활용한 감성 커뮤니케이션 기술이 가장 강력한 효과를 발휘할 것이다. 즉 소리 스토리, 영상 스토리, 음악 스토리, 텍스트 스토리 중 하나를 사용하거나 이 중 몇 개를 혼합해 사용할 것이다.[25]

인간의 감성이 어디에 있는지 과학자들의 연구가 계속되고 있다. 인간의 감성을 뇌의 어느 부분이 담당하고 어떤 체계를 가지고 작동하는지 완벽히 알아내게 된다면, 인공지능 로봇에게도 인간처럼 감성을 부여할 수 있을지 모른다. 그러나 성급하게 두려워할 필요는 없다. 그래도 아직까지 감성은 인간들끼리만 공유하는 것이다.

인간의 감성은 미래에도 여전히 중요할 것이다. 감성을 어떻게 자극하느냐에 따라 세상의 이치, 구조, 흐름과 발달 정도가 달라지고, 기업의 세일즈포인트도 달라진다. 정치적인 승부처에서도 마찬가지다. 대중의 감성을 어떻게 파악하고 접근하는지에 따라 성패가 갈릴 것이다.

감성은 더 나은 미래를 위한 승부처가 될 가능성이 높다. 국가, 기업, 개인은 감성을 이해하고 적용할 수 있어야 한다. 중국의 대표기

---

25 최윤식·최현식, 《2030 미래의 대이동》, 328쪽.

업 샤오미小米의 류더劉德 부대표는 "과거보다 기회가 많지 않아 좌절한 젊은 세대에게 친구가 된 것이 우리의 성공비결"이라고 밝힌 바 있다. 중국 젊은이들도 한국의 젊은이들 못지않게 취업의 실패와 좌절, 내일에 대한 두려움이 있다. 샤오미는 이런 젊은이들에게 귀를 기울였다. 그들의 의견을 듣고 인터넷에 즉각 반영했다. 샤오미 팬은 늘어났다. 덕분에 마케팅 비용은 줄고 저렴한 가격에 제품을 판매하게 되었다. 류 부대표는 "샤오미처럼 마케팅비를 안 쓰고 온라인으로 제품을 판매하려면 고객의 믿음과 애정을 잃어서는 안 된다"고 얘기한다.[26] 샤오미의 마케팅은 젊은 세대의 감성과 감정을 이해한 덕분에 가능했다. 오해는 금물이다. 감정을 자극해 호소하는 감성 팔이가 아니다. 감성을 이해해야 한다.

개인들에게도 감성은 생존에 필수적이다. 100세 시대다. 은퇴 후 50년 동안 반드시 한 번 이상은 직업을 가져야 한다. 나이 들었다는 이유로 대접받는 시대는 끝났다. 어떻게 할 것인가? LG경제연구원에서 〈정년까지 롱런하는 인재들의 특징〉이라는 보고서를 발간했다. 이 보고서는 롱런하는 인재들의 다섯 가지 특징을 다음과 같이 정리했다.

---

[26] "좌절의 세대에게 친구 된 것이 샤오미 성공비결", 〈연합뉴스〉, 2015년 11월 26일자.

1. 나이로 대접받기보다 조직에 도움이 되는 사람

2. 일에 대한 나만의 철학이 있는 사람

3. 나만의 경쟁력을 위해 '롱런long-learn'하는 사람

4. 새로움에 지적 호기심이 있는 사람

5. 자기성찰과 감사하는 마음이 있는 사람

1~4는 외적 경쟁력이다. 외부에 내세울 수 있는 실력이 있어야 경쟁이 가능하다. 5번은 내적 경쟁력이다. 감성에 관련된 부분이다. 즉각적으로 외부에 나타나지는 않지만 내면에서 외부로 서서히 나타날 수 있는 극강의 경쟁력이다. 5번은 단번에 표출되지는 않지만 외적 경쟁력에 지대한 영향을 끼칠 수 있다. 감성을 기르고 훈련한다면 외적으로 내적으로 성장하는 사람이 될 수 있을 것이다.

Excellence: 전문성을 길러라

지금 시대는 지식정보화사회다. 향후 20년은 정보화, 지식화가 더욱 가속화되는 시대라고 생각해야 한다. 미래사회의 컴퓨터 시스템은 지금보다 더 많은 양의 데이터를 더 빠르고 정확하게 수집하고 처리할 수 있게 되기 때문에 단순근력노동자나 단순지식노동자는 점점 설 자리를 잃게 된다. 미래학자 앨빈 토플러Alvin Toffler 박사의

말처럼 육체노동과 저숙련노동은 쉽게 기계로 대체할 수 있다. 이런 추세라면 후기정보화사회에서는 숙련된 지식노동자만이 살아남게 될 것이다.

즉 살아남으려면 기본적으로 개개인이 '숙련된 지식'을 갖고 있어야 한다. 결국 자기 분야의 지식을 파편화된 기술로 하향평준화하지 말고, 장인 수준으로 절대 흉내 낼 수 없는 경지까지 향상시키는 전문가만이 생존을 보장받을 수 있다. 구글의 알파고가 바둑을 선택한 이유는 구글 딥마인드의 CEO이자 개발자인 데미스 하사비스Demis Hassabis가 게임광이었고, 바둑을 잘 알았기 때문이다. 바둑을 잘 안다는 것은 바둑의 메커니즘과 로직을 안다는 것이다. 인공지능도 잘 아는 사람에게만 잘 사용할 수 있는 가능성이 열려 있다. 기술적인 작업 자체를 최고 수준으로 할 필요는 없지만, 해당 분야에서 정상에 올라야 기술을 제대로 활용할 수 있다.

이런 이야기를 들으면 실망하는 사람도 있을 것이다. 나는 별로 배운 것도 없고, 공부도 싫어하고, 좋은 대학도 못 나왔는데 어떻게 숙련된 지식을 소유할 수 있을까? 미리 실망할 필요는 없다. 왜냐하면 '장인 지식' 혹은 '달인 지식'이라고 불릴 만한 숙련된 지식이란, 학문적 전문성이나 주제적 전문성을 지닌 지식을 말하기 때문이다. 학문적 전문성만 따지면 접근하기 어렵지만, 주제적 전문성을 아울러 생각한다면 스스로 평범하다고 여기는 사람들도 충분히 숙련된 지식을 갖출 수 있다. 주제적 전문성은 무엇이든 상관없다. 컴퓨터

게임, 요리, 조각, 인테리어, 청소, 관계, 당신이 가지고 있는 그 취미까지…… 그것이 무엇이든 당신의 전문성이 독보적인 달인 수준에 올라간다면 장인으로 주목받을 수 있다.

일본 미야자키 현에 100년 전통의 바둑알 명가가 있다. 나스 오리오는 경력 40년의 바둑알 장인으로, 그가 만든 바둑알은 최고 품질을 자랑한다. 백합조개를 동그랗게 도려내는 작업만 기계에 의존할 뿐 모든 과정은 수작업으로 이루어진다. 최고의 품질을 자랑하는 만큼 공정이 매우 어렵고 까다롭다. 백합조개에서 바둑알 크기의 조각을 도려낸 후 하루 종일 숫돌에 갈아 만든다. 바둑알 하나 만드는 데 최소 두 시간이 소요된다. 이런 공정을 통해 그가 하루에 만드는 바둑알은 단 다섯 알이다. 바둑에 쓰이는 바둑돌을 한 세트 제작하는 데는 무려 6개월이 걸린다. 행여 실수라도 한다면 기간은 장담할 수 없다. 너무 귀한 것이기에 장인의 바둑알은 일본 최고의 프로바둑 기사들이 전용으로 사용한다.[27] 세라믹 바둑알이 생산되고 있지만 미래에도 이 명품 바둑알은 명맥을 이어갈 것이다. 당신의 일을 지속가능하게 하려면 장인의 손길로 명품을 생산하면 된다.

세상의 모든 지식과 기술을 내 것으로 만들기란 절대적으로 불가능하다. 모든 것을 습득할 만큼 시간이 충분하지도 않거니와, 우리는 그런 지적인 능력을 타고나지도 않았다. 선택과 집중이다. 내 분

---

27 〈SBS 생활의 달인〉, 2016년 3월 14일자 방송.

야에 맞는 기술이 있다면 주저 말고 습득하라. 수박 겉핥기식이 아니라, 기술의 숙련도를 탁월한 수준으로까지 높여야 한다. 그래야 믿고 쓸 수 있는 인재가 되고 임무가 주어졌을 때 능숙하게 그리고 누구보다 탁월하게 존재감을 드러낼 수 있다. 시간은 언제나 충분하다. 문제는 나 자신이다. 지금부터 해야 한다.

　미니멀리즘minimalism이 떠오르고 있다. 미니멀리즘은 '최소주의' 또는 '극소주의'라는 뜻으로, 패션디자인에서 유래한 용어지만 일상의 많은 부분에 영향을 주고 있다. 먹고, 쓰고, 입는 등 모든 행위를 간소화하는 방향으로 전환되는 현상이다. 미니멀리즘을 추구하는 이유가 무엇일까? 일본에서 미니멀 라이프 열풍을 주도한 베스트셀러 《나는 단순하게 살기로 했다ぼくたちに、もうモノは必要ない》라는 책에서 저자 사사키 후미오佐々木 典士는 미니멀리스트가 된 이유를 이렇게 설명했다. "버릴수록 행복하다." 이 책이 한국에 적잖은 영향을 준 것을 보면 한국적 상황에서의 변화가 감지된다.

　미니멀리즘은 현재의 일시적인 트렌드가 아니라 미래에까지 영향을 미칠 것이다. 사사키 후미오가 말한 행복도 이유가 될 수 있겠지만 대한민국은 두 가지 이유에서 미니멀리즘을 선택할 것이다. 하나는 1·2인가구의 증가다. 2016년 대한민국 1·2인 가구는 54.8%에 이른다. 이들은 소유를 극대화할 이유가 없다. 혼자 사는 개인의 소비 패턴을 보자. 그들은 개방형 창고 매장보다 소용량, 소포장 식품을 구입할 수 있는 매장을 선호한다. 남기면 쓰레기가 되기 때문이다. 주거 불안정도 큰 이유다. 철새처럼 떠나야 하는 그들은 이동의 편의성을 위해 미니멀리즘을 추구하게 된다.

특히 베이비부머 세대의 은퇴가 계속되고 있다. 고령층 1·2인 가구 증가는 OECD 국가에서 쉽게 볼 수 있는 현상이 될 것이다. 은퇴자들도 소유를 늘릴 이유가 없다. 지난 경험이 습관이 되고, 미래에 닥칠 새로운 잠재적 위기를 대비하며 미니멀리즘을 추구할 것이다. 그 저변에는 '100세를 살아야 한다'는 계산이 깔려 있다. 그들은 무소유를 지향할 것이다. 당연한 현상이다. 또 다른 이유는 경제적 어려움이다. 소비를 하고 싶지만 할 수 없는 상황. 빚은 많고 소득은 늘지 않는다. 자산의 80%가 부동산인데 과거만큼 집값이 상승하지 않는다. 소비할 여력이 없다는 말이다. 당연히 미니멀리즘으로 향하게 된다.

그런가 하면 미니멀리즘과 함께 공유경제sharing economy라는 개념이 등장했다. 이는 한 번 생산된 제품을 여럿이 공유해 쓰는 협업 소비를 기본으로 한 경제를 의미하는데, 물품을 소유 대상이 아닌 사용 대상으로 인식한다. 공유경제의 등장 배경도 두 가지 정도로 정리된다. 하나는 기술의 발전이다. 자동차를 예로 들어보자. 자동차는 우리가 소유한 물건 중 가장 비효율적인 물건이라고 해도 지나치지 않다. 출퇴근 시간을 제외하고 대부분은 쓸모가 없다. 평균 출퇴근 시간이 1시간 정도인데, 23시간은 주차장에 방치되어 있다. 이렇게 쓸모없는 것을 구입하는 이유는 가끔 필요할 때가 있기 때문이다. 만약 소비자가 필요할 때만 편하게 사용할 수 있는 구조가 된다면 어떨까? '렌트카가 있지 않나?'고 질문할 수 있다. 하지만 렌트카는 불편하다. 예약을 하고 장소에 가서 서류를 작성하고 사용 후 다시 가져다주고, 집에 올 때는 대중교통이나 다른 수단을 이용해서 번거롭다. 그런데 이런 장벽을 한 번에 허물 수 있는 기술이 있다면? 바로 자율주행차다. 자율주행차는 내가 원하는 때 알아서 와준다. 주차를 걱정할 필요도 없다. 알아서 주차장으로 간다. 도로는 시스템화된 차들의 운행으로 한산해질 것이다. 교통 흐름도 원활해진다. 사고 걱정, 주차장 걱정, 차를 구입하는 데 드는 목돈 걱정도 없다. 요컨대 자율주행차라는 기술이 등장함에 따라 자동차를 공유할 만한 이유가 생겨난 셈이다.

다른 이유는 역시 경제적 어려움이다. 미니멀리즘과 같은 이치다. 사고 싶고 갖고 싶지만 가질 수 없는 상황에 비자발적으로 몰리게 된 것이다. 그러면 한 가지 선택이 있다. 가지고 싶은 물건을 빌려 쓰는 것이다. 특히 1인 가구는 비용과 불안 문제로 셰어하우스를 선호한다. 주거 공간만 셰어하는 것이 아니다. 자동차를 비롯해 주방용품, 그리고 세탁기, TV 등 가전제품도 공유한다. 공유하며 소유를 최소화할 것이다. 이는 내수를 견인하는 데 중요한 역할을 하는 주택, 자동차, 백색가전 같은 대형구매재 소비가 줄어든다는 뜻이다. 이런 사회현상은 심리현상으로 이전하며 '집을 소유한다'는 전통적 개념을 흔들어 당분간 모든 소유의 개념을 통째로 바꿔놓을지도 모른다.

그런데 미니멀리즘과 공유경제는 언제까지 지속가능할까? 평생? 영원히? 그렇게 생각한다면 착각이다. 한 가지를 고려하지 못했기 때문이다. 인간의 소유욕. 욕구, 욕망 그리고 탐욕.

인간은 소유 자체에 의미를 둔다. 사람들은 옷을 산다. 단순하게 보면 옷의 용도는 몸을 보호하고 가리는 데 있다. 계절에 맞게 세탁해서 갈아입을 수 있게 최소한만 구비해도 충분하다. 그런데 평생 몇백 벌씩 구입을 하면서도 입을 옷이 없다고 한다. 그런가 하면 값비싼 자동차를 여러 대 사는 부자들도 있다. 하루에 차를 탈 수 있는 시간은 얼마 되지 않는데도 수십 대를 구입해 차고에 세워둔다. 왜? 인간의 소유욕 때문이다.

우리는 '내 것'을 탐닉한다. 내 것을 가져야 안정감을 누린다. 기본적으로 누구에게나 이런 욕구와 욕망이 자리 잡고 있다. 소유하는 물건을 줄이거나 빌려 쓰는 움직임이 확산되는 것은 이런 라이프 스타일에 가치를 두는 사람들 때문이기도 하지만, 상황에 밀려 소유를 줄이거나 빌려 쓸 수밖에 없는 사람들이 공존하기 때문이다. 만약 그들이 더 많이 소유할 수 있는 환경이 된다면 어떨까? 자율주행차의 경우 국가 법제화로 자동차 소유를 금지하지 않는다면, 아무리 공유가 편리하더라도 인간은 자동차를 구입할 가능성이 높다. 편리하게 빌려 탈 수 있는 시스템이 확립되어도 구입할 능력이 되는 사람은 차를 구매할 것이다. 생각해보라. 남들과 함께 타는 차는 왠지 찝찝하다는 생각을 하지 않는가? 어떤 사람이 탔는지, 차에 무슨 짓을 했는지 알 길이 없다. 아무리 관리를 잘해도 꺼림칙하지 않나? 청년들이 주택을 공유하는 것도 마찬가지다. 왜? 집값이 감당할 수준을 넘어섰기 때문이다. 집값을 감당할 수 있다면 집을 사면 그만이다.

인간의 욕구를 무시하지 마라. 아무리 시대가 변해도, 인간의 기본적인 욕구를 외면해서는 소비자를 이해할 수 없다. 간소하게 살고 합리적으로 소비하려는 욕구가 있는가 하면, 더 많이 소유하고자 하는 본능적 욕구도 있다. 이처럼 서로 모순되어 보이는 인간의 다양한 욕구를 다각도로 파악해야 한다. 21세기의 트렌드와 경향 속에서도 그 속에 있는 인간의 욕구를 추적하고 파악하고 이해해야 제대로 기회를 포착하는 인재가 될 수 있다.

지금까지 살펴본 인간의 본성과 관련된 변하지 않는 가치 다섯 가지, 즉 CREED는 기계를 뛰어넘을 수 있는 특별한 가능성으로 존재감을 드러낼 것이다. CREED를 통찰한다면 차별화된 인재가 될 것이다.

새로운 사람
: Brand New에 열광하라

미래를 준비하는 사람이라면 변하는 것과 변하지 않는 것 못지않게 '새로운 것'도 주목해야 한다. 새로운 것이란 새로운 기술이 만드는 새로운 직업, 새로운 인재를 필요로 하는 새로운 산업과 노동시장이다. 차라리 이런 새로운 것들에 대한 이해와 도전이 좋은 선택이 될 수도 있다.

새로운 것에 뛰어듦으로써 얻을 수 있는 장점은 선점효과다. 누가 먼저 선점하느냐가 굉장히 중요한 관전 포인트다. 반면 리스크도 있다. 어떤 것이 새로운 기술이 될지, 새로운 산업을 일으킬 수 있는 분야인지 알 길이 없다. 쉽게 말해 한국이 전기차와 수소차 사이에서 갈등하는 것과 같은 이치다. 친환경 자동차로의 변화는 확실성에 가까운 미래이지만, 친환경 자동차가 전기를 이용할지 수소를 이용할지 도무지 판단이 서지 않는다. 수소를 선택했는데 전 세계가 전기로 간다면 큰 낭패다. 그럼 두 가지를 모두 골고루 연구하고 개발할 수도 있다. 하지만 이것은 힘 있고 돈 있는 자만 할 수 있는 방법이다. 대기업만 할 수 있다는 말이다. 대부분은 선택을 해야 한다. 자본과 시간이 극히 유한한 개인은 여러 가지 중 하나만 선택하는 전략적 판단을 해야 한다. 그래서 예측이 상당한 중요한 역할을 한다.

스웨덴 출신 게임평론가 펠릭스 셸버그Felix Kjellberg는 '퓨디파이PewDiePie'라는 1인 방송국을 운영한다. 유튜브로 게임방송을 하고 있다. 구독자가 2016년 기준 전 세계 약 4,000만 명, 소득은 무려 1,200만 달러(약 135억 원) 정도이다. 이언 히콕스Ian Hecox와 앤서니 퍼디야Anthony Padilla는 코미디언이다. 그들의 무대는 방송국이나 소극장이 아닌 유튜브의 '스모시Smosh'라는 채널이다. 그들이 제공하는 패러디 코미디와 기상천외한 영화들은 폭발적인 인기를 끌고 있다. 구독자는 2016년 기준 2,200만 명을 넘어섰고 연간 수익은 858만 달러(약 96억 원) 정도이다. 이들은 물건을 만드는 제조업자가 아니다. 홈쇼핑처럼 물건을 파는 것도 아니다. 특별한 기술 없이 카메라와 마이크를 이용해 자신이 가지고 있는 콘텐츠를 유통만 한다. 좀 더 단순하게 말해보자. 그들은 뇌를 활용해 생각한 아이디어를 카메라와 마이크라는 장치를 이용해 인터넷으로 사람들이 볼 수 있게끔 방송하는 것뿐이다. 먹방, 쿡방, 게임방송, 증권방송, 스포츠중계, 동영상 강의, 뷰티방송 등 콘텐츠는 무궁무진하다. 이런 방송이 유통되고 자본으로 돌아온다. 우리는 가상과 현실이 만나는 초기 장면을 경험하고 있다. 가상현실이 보급되고 홀로그램이 일상화되면 또 다른 새로운 산업이 등장할 것이다. 새로운 시대가 주는 선물이다.

미래에는 이런 새로움이 더 다양해지고 폭넓어질 것이다. 로봇, 인공지능, 드론, 3D프린터, 나노, 우주항공 같은 신산업이 더욱 새로운 형태로 재가공되면서 깃발을 누가 먼저 꽂는지에 따라 기업과 개인의 흥망이 달라질 것이다. 이제 기준과 목표를 완전히 다르게 설정하고 미래의 큰 그림 안에서 새로움에 도전하는 것이 새로운 가능성을 열어줄 수 있다.

단, 자신이 관심을 가져온 분야에 도전해야 한다. 관심이 없으면 재미도 없고 의미를 찾을 수도 없고, 제대로 활용할 수도 없다. 어떤 분야에서 중요한 인재로 인정받길 원한다면 최고의 성과를 낼 수 있는 새로운 환경과 기술의 등장에 늘 관심을 갖고 배우기를 주저해서는 안 된다. 파도를 타듯 큰 흐름을 타고 가야 한다.

미래를 위해 무엇을 할 것인가?

미래의 동시다발적 특이점들이 몰려오고 있다. 특이점들로 인해 개인이 어떤 상황에 직면하게 될지는 이해했을 것이다. 과거의 경험을 통해 보았듯 새로운 방식은 우리의 식량, 도시, 시간을 변화시킬 것이다. 우리의 삶을 송두리째 바꿔놓을 만큼 강력한 변화가 몰려올 것이다. 이제 이 책과 함께한 긴 여정의 마지막에 왔다. 최종 질문만이 남았다. 미래를 위해 '지금 해결하고 싶은 문제는 무엇인가?' 그리고 '이제 무엇을 할 것인가?' 두 가지를 명심하라.

우선 재산과 노동 그리고 이익의 자기결정권을 가져야 한다. 새로운 산업의 혁명은 삶의 전반적 영역에 영향을 줄 것이다. 기존의 방식을 새롭게 할 것이다. 이미 법제화는 진행되고 있다. 전통적 룰에 따라 새로운 게임을 할 수 없기 때문에 새로운 게임에 맞는 룰이 필요해질 것이다. 생산수단의 점유와 새로운 생각이 새로운 게임을 풀어갈 키가 될 것이다.

지금은 양극화가 각종 사회문제의 주요 원인이 되고 있다. 하지만 미래에는 적어도 자본이 없어서 아이디어를 실현하지 못하거나 경쟁할 기회조차 얻지 못하는 불공평은 해소될 것이다.

이미 을을 위한 반란의 전주곡이 시작되었다. 억압되고 소외되며 근심과 걱정에 시달리던 개인이 새로운 시대에는 마음껏 꿈꿀 수 있게 된 것이다. 자본과 권력의 벽을 넘어 슈퍼 을이 될 수 있는 기회가 시작되고 있다. 생산수단과 아이디어가 있다면 억압된 노동에서 자유로운 슈퍼프리미엄 프리랜서 '을'이 된다. 생산수단과 획기적인 아이디어가 있다면, 당신 스스로가 주인이 되어 이익을 결정하고 주어진 이익으로 당신의 가치를 위해 헌신할 수 있는 가능성이 열린다.

문제는 이런 기회를 얻은 당신이 어떤 결정을 하느냐다. 재산과 노동 그리고 이익의 자기결정권을 가진 당신이 어떤 가치를 위해 잉여를 활용하는가에 따라 미래는 다시 달라질 것이다. 어쩌면 실적을 쌓느라 일상적 여유도 누릴 수 없던 경쟁체제에서 벗어날 수 있을 것이다. 타인을 위한 아이디어를 내야 했던 억압으로부터 탈출할 수 있을 것이다. 생존을 위한 연결에서 입은 상처는 치유될 수 있을 것이다. 그래서 지금은 아직 혁명이 시작되지 않았다. 그 전조를 알리고 있을 뿐이다.

또 한 가지 할 일은 조직적이고 체계적인 방법을 갖추는 것이다.

우리에게 다가올 미래에는 지금처럼 숙련된 지식과 기술을 축적하기 위해 공부를 할 필요가 없다. 당연히 좋은 점수를 받기 위해 암기하듯 학습할 이유가 사라진다. 물론 공부 자체가 무의미하다는 것이 아니다. 지금과 같은 방식의 학습이 비효율적이라는 의미다.

앞에서 살펴보았듯, 시공간이 압축되는 사회에 진입했기 때문에 정보의 빅뱅이 나타나게 마련이다. 폭발하는 정보와 지식을 어떻게 나의 것으로 만들 수 있겠는가. 지금과 같은 암기로는 지속가능하고 의미 있는 지식의 축적이 불가능하다. 그에 비해 빅데이터의 활용도와 중요도가 한층 높아질 것이다. 사람들은 의미 있는 지식을 원할 때 빅데이터에 접속해 얻게 될 것이다. 지금도 3D프린터와 열려 있는 지식을 활용해 얼마든지 개인 소총을 만들 수 있는 시대다. 미래에는 한 걸음 더 나아가 핵 제조기술을 얻어 핵폭탄을 제조하는 개인이 등장할지도 모른다. 중요한 것은 효율성을 극대화하는 것이다. 단순히 학교에서 정보를 축적하기 위해 학습하는 것은 미래사회에 속도와 효율성 면에서 탁월한 선택은 아닐 것이다. 미래는 정보를 알고 있는 것보다 정보를 업데이팅, 필터링, 시뮬레이팅해서 활용하는 능력이 중요하다. 이것을 우리는 전략이라고 말한다.

국가적인 차원에서도 마찬가지다. 과거 우리는 50년의 압축성장을 했다. 도저히 불가능할 것 같았던 국가적 성장을 이룩했다. 국가만 잘되었다는 의미가 아니다. 국가가 성장하며 개인, 가정, 기업까지 더불어 성장했다. 그래서 G20 국가에 진입했다. 쉽게 말해 전 세계 서열 20위권에 진입한 것이다. 그런데 그 후 괄목할 만한 성장이 둔화되었다. 50년 전이나 지금이나 열심히 일하기는 마찬가지다. OECD 국가 중 노동 시간이 가장 많은 국가가 대한민국이다. 여전히 열심히 일하지만 제자리걸음이다. 즉 열심의 문제가 아니라는 것이다. 열심을 뛰어넘는 다른 무엇이 필요하게 되었다. 그것이 바로 효율성이고 전략이다.

이제는 전략이 필요한 때다. 미래에는 전략이, 조직적이고 체계적인 방법으로 일하고 살아가는 것이 더 중요해진다. 비즈니스 분석 소프트웨어업체 SAS의 부회장 짐 데이비스Jim Davis는 "앞으로는 기업들이 정보와 지식을 어떻게 효과적으로 관리하고 경영에 활용하느냐에 따라 기업의 운명이 달라질 것이다"라고 말했다. 이는 기업뿐 아니라 개인과 국가에게도 마찬가지다. 이처럼 효율적이고 효과적으로 일하는 데 있어서 핵심은 사고기술이다. 들어오는 정보를 종합분석하고 재처리하는 기술을 가져야 한다. 인식사고기술을 훈련하려면 다방면의 지식이 필요하다. 한국사회에서 몇 년간 소외되었던 철학, 경영학, 심리학, 사회학, 미래학 등을 다시 주목해야 하는 이유다.

비전을 뿌려야 미래가 자란다

　미래를 준비하는 사람들에게 가장 필요한 것은 무엇일까? 좋은 직업을 찾는 것? 그럼 좋은 직업이란 무엇일까? 높은 연봉을 받는 직업? 아니면 존경받을 수 있는 직업? 다 맞는 이야기다. 틀린 말 하나 없다. 연봉, 명예, 권력, 자존감, 관계, 사회적 가치 같은 것들이 한데 어우러져야 완성도 있는 미래, 더 나은 미래가 펼쳐진다. 그러나 필자는 미래를 준비하는 사람들에게 가장 중요한 것은 비전이라고 생각한다. 돈, 명예, 권력, 자존감 등은 다 가치기준에 따라 중요도만 다를 뿐 분명 미래를 위해 필요한 것들이다. 하지만 그래도 비전이 가장 중요하다. 왜냐하면 우리가 원하는 직업을 통해 얻은 돈, 명예, 권력, 자존감 등의 성취는 비전을 이루기 위한 과정이어야 하기 때문이다. 비전은 좀 더 포괄적인 개념이다. 비전의 중요성, 비전과 미래에 대한 자세한 이해를 원한다면 필자가 쓴 《미래준비학교》라는 책을 참조하길 바란다.

'왜 뜬금없이 비전 이야기냐?' 하는 반문이 있을 수 있다. 당장 하루하루 살아가기 바쁜데, 눈앞의 시험이 걱정이고 돈벌이가 걱정인 터에 비전은 남의 이야기처럼 느껴진다. 인공지능 연구자이자 뇌과학자인 카이스트의 김대식 교수가 이런 말을 했다.

> 현재 40대인 사람들은 인류의 역사상 가장 행복한 사람들입니다. 인류 역사 1만 년의 혜택을 다 받고 살다가 기계에게 밀려나기 직전에 은퇴를 맞습니다. 완벽한 타이밍이죠. 20~30대는 혼란의 시대를 경험하겠지만 현실적으로 아마 살아남을 수 있을 것 같습니다. 지금 획득한 기술은 20~30년 사이에 바로 바뀌지는 않을 거거든요. IT, 컴퓨터 몰라도 우리네 아버지 세대들이 한동안 살아남을 수 있었던 것처럼 살아남을 수 있을 것입니다. 진짜 걱정해야 될 세대는 10대입니다. 10대들은 기계가 못하는 것을 할 수 있도록 준비해야 합니다. 그런데 문제는 기계가 무엇을 못하는지 잘 몰라요.[1]

필자는 동의하는 부분도, 동의할 수 없는 부분도 있다. 동의하는 부분은 10대들에 대한 내용이다. 이들은 준비해야 한다. 그런데 아

---

1   김대식, 《김대식의 인간 vs 기계》, 307~308쪽.

무도 가르쳐주지 않는다. 기계가 무엇을 못하는지 앞으로 15~20년 뒤 무엇을 준비해야 생존할 수 있는지. 동의할 수 없는 부분은 20~40대 이야기다. 40대에게도 완벽한 타이밍이 아니다. 그들은 은퇴 후에도 50년을 더 살아야 한다. 20~30대는 은퇴 후 60~70년을 더 살아야 할지도 모른다. 안전지대는 없다. 새로운 비전, 제2의 비전, 제3의 비전을 준비하고 냉철하게 대비해야 한다.

어떻게 해야 할까? 의외로 간단할 수 있다. 처음으로 돌아가보는 거다.

많은 사람들이 비전을 이루지 못하는 데는 몇 가지 이유가 있다. 일단 꿈이 없으니까 꿈을 이룰 수도 없는 것이다. 비전부터 가져야 비전을 이룰 수 있는 가능성이 높아진다. 목표가 없는데 어떤 방향으로 움직일 수 있겠는가. 물론 꿈을 꾼다고 해서 모든 꿈이 이루어지지는 않는다. 꿈만으로는 힘들기 때문에 전략이 필요한 것이다. 그런데 지금은 꿈조차 상실했다. 많은 사람들이 극히 비현실적인 꿈을 꾸다가 지레 겁을 먹고 포기하곤 한다. 대개 꿈을 꾸면 '이 꿈이 도달할 수 없는 영역인가? 아니면 성취가능한 영역인가?'를 스스로 판단하게 된다. 대개 성취 불가능한 꿈은 공상에 지나지 않고, 곧 포기와 절망을 불러오게 마련이다. 그런가 하면 원대한 꿈에 대한 타인의 조롱 때문에 마음껏 꿈을 꾸지 못하는 경우도 있다. 꿈의 성취 가능 여부를 판별하는 기준은 미래 변화의 가능성이다. 그런데 생각해보라. 꿈이라는 것은 현재 역량을 보면 이룰 수 없어 보이는 것이 당연하다. 그래서 꿈이다. 공상인지 가능성이 있는지 구분하려면 현재가 아니라 미래를 염두에 두고 가치판단을 해야 한다.

즉 여기서 말하는 가능성 기준은 첫째, '미래 일어날 수 있는 변화의 가능성 안에서 꾸는 꿈인가? 미래 변화 안에서 이룰 수 있는 영역인가?' 하는 것이다. 혹은 '미래산업이 변하면서 기회가 생기면 이 사람에게 주어질 수 있는가?' 하는 판단이다. 두 번째는 '한국에서 뜨는 직업인가, 지는 직업인가? 뜨는 산업인가, 아닌가?' 하는 점이다. 만약 10년, 20년이 지났을 때 우리나라에 산업이 없고 공장이 없으면, 지금으로서는 실현가능해 보이는 꿈이라도 비현실적이 되는 것이다. 이 두 가지를 이해하게 돕는 것이 미래의 전략적 예측이다. 그래서 미래예측이 중요하다.

하지만 단순히 꿈이 있고 미래 가능성이 있다고 해서 개인이 미래 비전을 이룰 수 있고, 더 나은 미래가 가능한 것은 아니다. 꿈과 비전을 실현하기 위한 개인의 절치부심이 필요하다. 우선 자신의 비전역량이 무엇인지 발견해야 한다. 자기에게 맞는 역량이 무엇인지 발견해야 꿈과 비전을 실현하기 위한 첫 단추가 꿰어진다. 그다음에는 역량을 발전시켜야 한다. 현재 역량으로는 비전을 이루지 못하는 경우가 다반사다. 그래서 5년 뒤, 10년 뒤, 15년 뒤의 미래를 예측하면서 개인의 비전역량을 발전시킬 수 있는 훈련을 해야 한다.

훈련 전에 필요한 것은 계획이다. 대부분의 사람들이 꿈만 꾼다. 그건 계획이 없는 것이다. 계획을 세워야 전략이 생기고, 구체적인 전략이 있으면 꿈과 비전에 관한 적당한 텐션이 생긴다. 텐션은 꿈과 비전을 향한 일종의 긴장이고 동기부여이고 실행력이다.

결국 비전이라는 씨앗을 뿌려야 미래라는 결실을 맺을 수 있다. 어떤 씨앗을 뿌리고 어떻게 가꾸는가에 따라 각자의 미래는 다르게 나타날 것이다. 이 책에서 다룬 미래예측이 당신이 미래에 대한 큰 비전을 그리고 구체적인 계획과 전략을 세워 행동으로 옮기는 일련의 과정에 길잡이 역할을 할 수 있기를 바란다.